ET管理思想随笔:
组织发展研究与实践

ET Guanli Sixiang Suibi:
Zuzhi Fazhan Yanjiu yu Shijian

李波 著

中国财经出版传媒集团
经济科学出版社
Economic Science Press

图书在版编目（CIP）数据

ET 管理思想随笔：组织发展研究与实践/李波著．
—北京：经济科学出版社，2021.10
ISBN 978 – 7 – 5218 – 2968 – 6

Ⅰ.①E… Ⅱ.①李… Ⅲ.①企业管理 Ⅳ.①F272

中国版本图书馆 CIP 数据核字（2021）第 209286 号

责任编辑：刘　莎
责任校对：王苗苗
责任印制：王世伟

ET 管理思想随笔：组织发展研究与实践

李　波　著

经济科学出版社出版、发行　新华书店经销
社址：北京市海淀区阜成路甲 28 号　邮编：100142
总编部电话：010 – 88191217　发行部电话：010 – 88191522
网址：www.esp.com.cn
电子邮箱：esp@esp.com.cn
天猫网店：经济科学出版社旗舰店
网址：http://jjkxcbs.tmall.com
北京季蜂印刷有限公司印装
710×1000　16 开　13.25 印张　230000 字
2021 年 10 月第 1 版　2021 年 10 月第 1 次印刷
ISBN 978 – 7 – 5218 – 2968 – 6　定价：59.00 元
（图书出现印装问题，本社负责调换。电话：010 – 88191510）
（版权所有　侵权必究　打击盗版　举报热线：010 – 88191661
QQ：2242791300　营销中心电话：010 – 88191537
电子邮箱：dbts@esp.com.cn）

序

我出生于河北农村，毕业于河北大学新闻系，后又攻读人大商学院管理学科，在求学方面一直抱朴求真。工作之余偶有发表文章，更多时候由于论文及报告与企业联系太过紧密，不便刊发。工作、生活两不同：工作中充满活力，每天早上满血复活，思考决策、沟通协调和解决问题；生活上则随性，下下棋、游游泳、泡泡温泉，或者开车到乡村逛逛，享受一份恬适宁谧。

书中的随笔文章多为工作之余所写，针对企业经营管理中的现实困惑及难题、发展需求提出个人见解。先有文稿，后有刊印想法，于是结合存文攒了目录，在图书内容结构上或有瑕疵。"组织结构设计背后的理论支撑、关键岗位人才盘点（速盘）的应用研究"篇章属于结合理论常识提出新的具体假设的综合性文章，新见解建立在大量实践思考基础上，思想突破性仍在框架内。"员工股权激励研究、论核心素质"论文或思想随笔，均有较强的应用场景。此类研究著作在市面上汗牛充栋，幸运的是我曾作为乙方角色（咨询公司）后又转为甲方身份（员工），在员工股权激励研究方面能够结合某类企业实际提出具体的实施方案。关于核心素质有着近十年之测试，在客观测验和投射测验中积攒了一定的样本，于是写出两篇关于股权激励及核心素质研究类的简论。四种基本性格分析研究属于全新见解，所谓全新，即有可能令人耳目一新，也有可能引发争议，该篇关乎性格的论述完全可以写成一本书，时间可以验证理论成果。创作守成最无风险，一般严谨有余、开拓性不足，思想被关在牢笼中。创新意味着争议，但至少不必拾人牙慧。由于篇幅所限，关于本书其余论述篇章不再一一评介。

我个人的知识结构及阅历已经融入书中。本书采取接近论文的形式，对于读者而言会有一点压力，作者不是没有考虑阅读兴趣因素，不过权衡之下认为这种形式更能体现行文的严谨性。从论文结构及格式规范方面考查，本书又不能算作严格意义上的论文，因此我才将它称为"随笔"，希冀各位看官抱以宽容姿态看待内容及呈现形式。本书从内容来看不吝汲取西方理论知识，但似乎受东方文化浸染更深。关于性格的研究，则尤以东方文化思想为甚。

在人民大学硕士导师宋继文老师的鼓励下，我将日常思想点滴汇集成书。如果您是管理从业人士，或为组织发展/人力资源管理者，不妨一读，或能从中采撷点果实，以供咀嚼。

李 波

2021年6月于深圳

目　录

第一篇　组织结构研究与实践 / 1

第一章　组织结构设计背后的理论支撑 / 3
第一节　关于组织结构的理论常识 / 3
第二节　集团型企业的组织结构设计
　　　　理论基础思考 / 11
第三节　组织结构设计程序及成果 / 22
第四节　定期评审和优化组织结构 / 26

第二章　人力资源发展阶段回顾与未来趋势研判 / 30
第一节　企业发展趋势与终极选择 / 31
第二节　人力资源发展阶段回顾 / 33
第三节　人力资源发展未来趋势研判 / 34
第四节　不同阶段的人力资源角色定位 / 36

| 第二篇 | **分配激励研究与实践** / 39 |

第三章	员工股权激励研究
	——搭建拟上市公司有限合伙平台的思考 / 41
	第一节　股权激励常识简述 / 41
	第二节　员工股权激励计划设计中的实操问题 / 46
	第三节　搭建有限合伙平台实施期权激励 / 50
	第四节　拟上市公司员工股权激励方案主要内容构成
	——以有限合伙平台为载体 / 60
	第五节　有限合伙平台期权激励的价值评估 / 62

| 第三篇 | **人才发展研究与实践** / 67 |

第四章	四种基本性格分析研究 / 69
	第一节　为什么要深度解读性格 / 69
	第二节　基本性格探索 / 70
	第三节　四种基本性格图谱及释义 / 72
	第四节　判定性格的方法 / 74
	第五节　扩展性格的用途 / 76
	第六节　结论 / 78

第五章	论核心素质——优秀与平庸的分水岭 / 80
	第一节　选人用人问题困扰 / 80
	第二节　论素质与绩效的关系 / 81

目　录

　　　　第三节　萃取核心素质及胜任力建模 / 84

　　　　第四节　测评实验验证简述 / 91

第六章　**简论核心人才供应、衔接与继任问题的根本性解决举措** / 118

　　　　第一节　理论假设与简要阐述 / 118

　　　　第二节　企业的人才通病和发展隐患 / 120

　　　　第三节　解决思路推演 / 122

　　　　第四节　核心解决举措及配套措施 / 124

　　　　第五节　理论假设及解决方案的价值、
　　　　　　　　应用前景 / 127

第七章　**关键岗位人才盘点（速盘）的应用** / 129

　　　　第一节　关于人才盘点的基本常识 / 130

　　　　第二节　人才盘点的资源配套与现实难题 / 131

　　　　第三节　人才盘点的科学合理要求与短平快
　　　　　　　　需求深层剖析 / 134

　　　　第四节　关键岗位人才速盘（快速盘点）
　　　　　　　　需求与理论阐述 / 137

　　　　第五节　关键岗位人才速盘的广阔
　　　　　　　　用途与应用场景 / 144

第八章　**集团型企业人力资源（HR）负责人的核心贡献** / 147

　　　　第一节　人力资源对组织的价值 / 147

第二节　集团型企业 HR 负责人的核心贡献 / 150

第三节　如何确保 HR 负责人聚焦核心贡献 / 154

第四节　什么样的能力素质得以创造核心贡献 / 156

结论 / 159

第九章　论人事匹配和人才搭配在企业管理中的实用价值 / 161

第一节　选人做事，人事匹配 / 163

第二节　洞察人性，互补搭配 / 164

第三节　人才搭配三大定律 / 165

第四篇　管理手段研究与实践 / 167

第十章　过程管理与结果管理遵循的基本原则 / 169

第一节　过程管理与结果管理的基本常识 / 169

第二节　过程管理：关于"尊重规律、不违人性"的解读 / 170

第三节　结果管理：关于"数据说话、不示柔情"的解读 / 171

第四节　"过程尊重规律不违人性、结果数据说话不示柔情"的应用场景 / 173

第十一章　调集优质资源聚焦高价值目标的实现过程 / 175

第一节　资源有限条件下避免资源分散消耗 / 176

第二节 采用"三效法"辨别高价值目标 / 177

第三节 调集优质资源聚焦高效度目标 / 177

第四节 应用价值与应用范围 / 179

结论 / 179

第十二章 决策力 / 182

第一节 理性决策的价值 / 183

第二节 决策力的构成 / 184

第十三章 语言的威力 / 188

第一节 外力为发言人奠定"话份"权 / 189

第二节 内力为发言人加持影响力 / 191

结论 / 196

参考文献 / 198

后记 / 199

第一篇
组织结构研究与实践

第一章

组织结构设计背后的理论支撑

在上百年管理实践总结背景下,当下每一个科学的管理动作背后都有理论支撑。企业组织结构的演变建立在社会经济发展和管理学说流变基础上。通过对科层组织、行为科学、系统与权变各种管理学说的流变情况粗浅分析,在理论指导下提出当下中小企业、集团型企业的组织结构形态、评估模型。组织结构形态背后的基本理论依据包括组织学说、价值链、战略、管控模式等,同时任何一种组织结构形态都应立足现实、消除隐患、面向未来。解决"职能部门化、部门专业化、部门/岗位权责清晰化、部门/岗位汇报关系、岗位控制跨度、信息传递速度"七个基本问题,是组织结构设计的基本要求,本篇在此基础上进一步提出了中小企业的六面评估模型、集团型企业前瞻性组织结构七种基本形式。

第一节 关于组织结构的理论常识

有关组织结构的观点论述,一般都蕴含在各种管理理论中。政党执政、社会团体治理、企业经营等都需要建立组织,组织结构便应运而生。它是社会文明发展的产物。

泰勒的科学管理学说、法约尔的五种职能论述、韦伯的法理权威等,在西方工业革命大背景下相继提出和不断丰富完善。随着社会经济的发展,管理学者又从研究"事"到关注"人",再从"人"转向"环境"和"情景"。各种组织学说被后人归纳为古典、新古典和近现代理论。

一、科层组织——"结构说",以结构为研究实践中心

(一) 泰勒的科学管理理论——从经验到发现一般规律,实现标准化

泰勒善于发现企业内部经营管理的一般规律,着重于从生产流程和行为动作中观察抽取能提高效率的程序、标准,取代个体的经验行为。泰勒在《科学管理原理》中正式提出科学管理理论,他认为生产率与科学系统的标准化管理应用程度密切相关。提出在具体管理过程中,应向工人部署任务,鼓励竞争,鼓励达标和超越标准,并给予工人不等的奖励。

科学管理理论的应用,能具化为提供各种作业指导的操作规程,呈现为固定程序化的作业步骤、动作标准,从而提高管理对生产的促进价值。

除了程序化、标准化管理外,泰勒还提出例外原则。例外原则可以理解为日常运维管理授权给基层管理团队和无管理权的操作人员,工人们只需按照程序和标准作业即可,基层管理人员负责安排任务、监督生产和处理异常;涉及战略调整、财务投资、重要人事任免等,审批决策仍掌握在高级管理人员手中。即标准化管理是面向日常生产的,例外决策管理是面向重大事项的。

时至今日,采用科学手段管理仍然深深影响着各类组织的管理人群。当发现有些问题反复发生、属于普遍性问题时,管理者则倾向于以"建设制度、编写操作规程、拍摄工作规范教学视频"等方式解决问题。当然,在有关科学管理的论述内容中,泰勒并没有过多提及关于人性及其他因素对于生产经营、组织发展的干扰影响,只把人限定为"经济人"的角色。

(二) 法约尔的职能管理理论——"五种职能要素"

法国人法约尔提出了"计划、组织、指挥、协调、控制"五种职能,以及"劳动分工、权力与责任、纪律、统一指挥、统一领导、个人利益服从整体利益、人员的报酬、集权、等级制度、秩序、公平、人员的稳定、首创、团结"十四条管理原则。法约尔认为管理过程离不开以上五种要素,

通过统一的预测性和连续性计划、任务及资源分工组织、工作指挥与资源协调、有组织地检查检验与复盘改进活动，将企业的管理活动全部串起来。

法约尔的有关职能要素理论，其中有关于权力与责任的因果联系、一个领导核心、集权与分权的环境适应性、首创精神等论述，迄今来看也不过时。

法约尔从组织内在因素思考，阐述了五种职能、十四条管理原则，而甚少谈及外部环境因素。至于十四条原则，则受时代环境的诸多制约。如等级制度，未必能提高信息流转速度和管理效率；又如权力与责任，不仅限于权力与责任的因果联系。其实授权、责任、利益三个因素的因果关联才是完整的，赋予责任而无相应授权只会引发更坏的结果，有权有责缺失利益也很难激发管理者的责任意识，只会导致权力的滥用私用。常年的高压低薪有限福利状态，所谓"人民的公仆"，能甘心做公仆应做的事吗？

（三）韦伯的科层组织理论——层级与法理权威

如果说泰勒、法约尔谈及的是管理理论，那么韦伯对于组织的研究则更进一步。组织对成员是有要求的，根据任职资格聘用、选拔人员；组织是有层级的，组织内成员之间主要依据内部章程制度构成工作关系；组织是有分工的，每人根据工作范围和职责履职；组织是需要付酬的，成员提供智力和体力劳动，从组织获得相应报酬。

韦伯提出的组织理论，特别强调层级和法理权威。部门机构及岗位架构层次分明，成员之间有明确的等级秩序关系，根据等级层层控制，保证组织机构的严谨性和稳定性。因为每个管理岗位都有较为清晰的职责及授权，才能为诸多工作活动确立汇报决策依据。高级管理岗位因其岗位职责及授权等因素，在组织范畴内具备法定的权威性。同时也意味着，该岗位上的人若调任他职，其法理权威也是带不走的。

韦伯的这些见解，可以概括为官僚组织理论，又或称为科层组织理论。他的关于组织赋予的、明文规定的组织及岗位权威，凸显了组织内合法合规的公职权威色彩。所有的决策建立在理性运作的基础上。行使权力的前提是权力的来源要合法。只有法定权力，才能保持组织的持久稳定和不受人的因素的严重影响。法理权威有效避免了个人英雄主义权威、传统宗法家长权威的脆弱性和断续性风险。

（四）科层组织的官僚等级与信息流缺陷

无论泰勒的科学管理还是法约尔的五种职能，抑或韦伯的科层组织理论，共同点是对于"事"的研究够深，并且聚焦于组织内部。标准化、职能化、等级化、法定色彩，这些其实都是官僚机构的主要特征。谓之科层组织，从中文表述的角度看，比官僚结构好听一些。科层组织的官僚等级，确保了内部的秩序井然，却背离了提高管理效率和信息传递速度的初衷。直接上级、间接上级、更高的分管上级，很多时候管理风格、理念和发号施令方式及目的不同，造成内部沟通损耗，甚至传递链条出现人为断环、信息屏蔽现象。对于科层组织类企业，有时呈现出"表面管理严密，内里管理混乱"状态。

权力分层和等级汇报模式，确保结构稳定，有助于日常运营，为大多数企业、社团、政府机关组织所采纳。但这种令人感到严密得近乎窒息的结构金字塔，容易导致规章制度教条、僵化执行，"官大一级压死人"，信息流随时断流，官僚主义盛行，和韦伯的理想相去甚远。在21世纪的今天，信息量爆发式扩张、市场机会稍纵即逝，科层组织显得过于静态、滞后、笨拙，无法在组织结构上满足市场竞争和应变内外部环境的需要。

二、行为科学——"人的行为说"，以人为研究实践中心

迄今为止，自动化机器设备及信息技术手段虽然成为规模企业经营管理提升的关键要素，但"人"作为劳动力在组织中起到的作用仍然非常重要，除非人工智能以绝对优势取代人工作业、人工处理复杂事宜和创造性工作。除了研究"事"、关注"结构"，研究"人"的管理理论如雨后春笋般生长问世。梅奥提出社会人假设、西蒙提出有限理性决策……诸多学者、行动实践管理者对于人的研究，其实是在弥补之前管理及组织理论的缺陷。

（一）梅奥的人际关系理论——"社会人假设"

梅奥在经过七八年的实验验证后，发现了人的思想情绪对于生产率的显

著影响，动摇了科学管理的经济人假设思想。工作效率不仅受制于优化的流程与标准、管理规则，还受制于劳动者的人际关系状态。

梅奥认为每一个工人都不是单纯的经济人，而是有着多重心理需求的社会人。管理过程中不应把人像"物"一样管理，除了金钱报酬外，还需要平衡人在社会交往、情感归属方面的诉求。延伸来看，人不仅要遵循工作中的行为规范，还要遵循社会交际中的约定俗成法则。工人的士气高涨或跌落，会直接影响到生产率的高低。

随着劳动者学历水平的普遍提高及对工作岗位的选择自由，他们逐渐萌生了自尊自爱等情感需求，人的精神世界愈加丰富。对于由高学历人才组成的团队，颐指气使地发布指令、指挥行动，势必会造成集体抵制。即便在正式沟通中，也需要注意沟通方式，通过引导共识、倾听姿态、赞美和激励来促进人际关系的和谐，提振团队的士气。

（二）西蒙的决策理论——"有限理性"行为决策准则

美国的行政学者赫伯特·西蒙在他的《管理行为》（又译"《行政行为》"）中，批判了理性人、经济人的假设。人在决策过程中，无法做到完全理性，理念、知识结构、信息情报、个人偏好、情感倾向、利益驱使、资源条件限制等因素互相交织影响和干扰着个人决策。很多时候，只能在有限的几个方案中掂量利弊做出选择。如果强行要求进行完全理性决策，由于获取全面的信息情报、提出完美的解决方案需要假以时日，当做出似是而非的"完美决策"时，行动的最佳时机已然消逝。只有选择相对满意的方案，才有机会缩短决策周期，获得决策效率与行动效果的平衡。

西蒙进一步指出，组织机构的设置应当充分考虑如何有利于组织决策，包括知识结构、信息传递、权力分配，过度集权将加重少数人的日常决策负担，并剥夺基层管理者的决策责任。固化的程序和标准化的判定依据，并不能保证决策的满意度和行动效果。合理的决策通常建立在充分考虑内外部环境及自身条件因素的基础上。如果不占据绝对优势地位，人们一般会做出多方可接受、结果可预期的有限理性决策；如果占据了绝对优势地位，人们反而会倾向于单赢的、在对方被迫承受底线上、考虑对方后续反弹力度的有限理性决策。

（三）行为科学在全自动化与人工智能时代的局限性

人际关系理论、有限理性决策理论是在研究人的行为中确立和提出的，在管理理论丛林中以人补物、以人补事，强调从经济人、理性人到社会人、复杂人的认知转变。20世纪中期在某次科学家齐聚的会议上，对此类诸如个体行为、群体行为、领导行为的理论研究冠以"行为科学"称号。管理中的人性假设，是行为科学的理论核心。针对人性假设延伸出系列管理研究实践，如XYZ理论、诱因理论、正负强化学说、正负激励理论等。人性假设对于管理的影响深远，管理不能再依靠单纯的物质利益、机械严谨的程序化标准化和行政指令，而是要通过释利授权赋能和沟通激励等丰富多变的管理手段洞察、挖掘和撬动人性，让管理更加弹性、有效。

伴随着人工智能技术的发展，人工智能的自我学习、运算速度更迭、算法模型自我更新升级、自我觉醒辨识和处理复杂情况能力提升，已经强烈冲击了"以人为中心"的管理研究方向。人脑和人工智能载体的物理及有机融合，人工智能一周"24小时×7天"持续稳定的工作效率，无关人际关系因素，处理工作的日常决策借助信息技术条件不再受制于"有限理性"，在大数据快速运算基础上的人工智能技术或将改写人类历史。行为科学或许不再适用于未来发展，或被信息技术时代边缘化。

三、系统与权变——"动态组织结构说"

（一）巴纳德的组织平衡理论——组织与人/环境/发展的平衡

从研究结构、要素到研究人，再到组织生态研究，巴纳德曾先后出版《经理人员的职能》《组织与管理》，阐述了组织平衡理论。他也成为20世纪现代管理理论社会系统学说的奠基人。巴纳德提出组织的发展有赖于平衡管理，包括诱因和代价（贡献）的平衡、外部环境变化和内部调节适应（组织目标调整）的平衡。在平衡管理中，平衡点会动态变化，需要不断地调校把握，以变应变。

在系统考量过程中，平衡是暂时的，不平衡和追求再平衡才是常态。实现动态平衡，就得用发展的眼光看待和处理影响稳定平衡的矛盾，通过变革再平衡。外部环境利好时，充分合理分配诱因以满足关键岗位成员的贡献对价；外部环境糟糕时，因应调整组织目标和迅速引导改变组织成员的行动动机，降低组织成员的不合理期望值。

在系统与权变思想理论框架下，静态的组织结构显然不能够满足动态发展平衡的需要，只有根据内外部环境的变化不断地调整优化结构，才有机会保证组织不至于长期失去平衡。

（二）卡斯特的系统管理理论——开放的系统与人物环境因素

卡斯特等管理学者着重于系统模型的构建，研究要素之间的关联关系、系统的整体性与层次性，在此基础上提出系统地规划和优化，有机地整合思想，进一步将结构、要素、人、环境等全部的资源放在一个整体下分析和有效利用。关于系统理论的论述，倾向于结构、要素的无限分解，母、子、孙系统嵌套。

卡斯特等系统管理学派代表人物相继发展和完善出"系统管理理论"。指出人、物、环境三因素共同组成一个开放的管理系统，反对机械主义，反对割裂思想，反对片面性，反对封闭性研究行为。系统管理理论实质上是一种过程协调性理论，系统分析、有机整合是其核心思想。

（三）劳伦斯和洛希的权变理论——因情景而变

劳伦斯和洛希通过研究指出，环境具有不确定性，不确定性程度越高对组织的弹性张力和整合能力要求也越高。只有目标、计划、组织结构、管理方式等具备弹性和张力时，管理才不至于僵化滞后。所有的一切都是可以变化的，只有环境的变化处于较低水平时，管理过程才趋于稳定。随机应变、富有弹性、灵活性胜于稳定性，是其核心思想，有点外部环境主导组织发展的意味，反复强调组织发展对外部的适应性。最典型的假设提法，如果外部环境变化了，那么组织发展应权宜机变适应。

权变理论的提出,是有其现实基础的。在中国等新兴市场国家,经济发展速度快,行业竞争激烈且面临被新技术取代风险,组织活力和创新变革速度关乎企业生死存亡,组织在不确定性的外部环境中前行势必要强化前瞻性和适应性,组织发展只有紧跟外部环境变化节奏,才能立于不败之地。

(四)扁平化自组织——围绕核心自运行

扁平化跟科层制相反,恰恰是为了解决科层制决策层级过多、信息流动管道过长过细、效率低下的问题。在自由竞争的行业,市场瞬息万变、机会稍纵即逝,高长型等传统组织结构反应过慢,根本无法适应快速变化的外部竞争和供需环境。唯有横向合并细分机构、纵向压缩机构层级,才能释放组织创造力和活力,以及加快决策速度。组织结构能否向网状、圆桌形式转变,组织结构的末端能否具备自我调适修复能力,新的组织结构形态需求呼之欲出。

扁平化管理理论推崇将组织结构层级压缩至"无法压缩的必要层级状态",强调组织内分工协同、淡化官僚秩序和职位等级,人和人之间有密集的连接节点,知识信息呈网状流动,全部围绕一个中心点或中枢自主运行。

在扁平化的组织中,对技术人员的专业素质和管理人员的综合素质都提出更高要求,部门人员专业化、部门管理者综合化(复合能力)是扁平化组织运作带来的良性变化。部门内部分岗位除了特定技能专业化外,在淡化职责边界后还会出现一专多能、多专多能的人才聚集局面。

(五)系统与权变的实践价值及无序风险

管理研究和实践总是曲折前进的,前进是大趋势,曲折是过程。我们从规律总结、标准化到管理层级、法理权威,从经纪人假设到社会人、复杂人探索,从结构、要素研究到人、行为研究再到人、物、环境综合平衡,研究面越来越宽广也越来越深入,使我们对管理理论、组织学说的认知更加全面和深刻。但随着系统与权变理论的快速演化,环境、过程、变化、应变等作用有着不断放大的趋势,强烈冲击着管理科学的基石,使我们日益陷入具体问题具体分析的一事一议偏执状态。

从哲学角度,管理研究趋于推动熵减,而实践事实则从熵减走向熵增状态。这个世界终将以熵增终结？而我们的研究和实践应该加速还是减缓这种进程？

第二节 集团型企业的组织结构设计理论基础思考

一、古典、近代、现代理论的可取之处

经受了时间检验的管理学说，已然成为后世人们管理研究实践的明灯。迄今各类组织的建立和运行，仍然遵循着古典管理理论与组织学说，泰勒、法约尔、韦伯的管理理论在庞大的管理者群体的心中深刻烙印。以中国的央企、地方国企，以及政府机构组织形式为例，大多数依然强调法理权威、职能分立、等级施令、秩序井然等，有意无意地按照古典理论运作。

管理理论丛林中，关于人、人性的假设，对管理研究实践影响深远。只要"人"还是组织运行的主体与核心，围绕人的需求满足、激励、人际关系处理、人文管理等，依旧是今后管理研究实践的重要组成部分。

对于管理顽疾或管理中存在的普遍性问题，鼓励结构性思考、系统性分析改善，实际践行着系统管理理论。当环境急剧变化，不能再以传统的理念及思维方式应对危机时刻，具体问题具体分析、权宜机变自然就非常重要，甚至决定了企业的生与死。对于历史长河中的管理理论、组织学说，我们应多一分尊重、多一分在历史大背景下的理解，并积极地汲取其中的营养，为当下研究实践所用。

二、组织结构设计是组织/价值链/战略/管控/政治理论的融合

管理理论与组织学说，必然是组织结构形态的理论基石。除了上述古典、近代、现代理论对组织结构设计具有宏观的指导意义外，具体的价值链理论、战略管理、管控模式、权力平衡思考等管理思想同样深刻地影响和决

定了组织设计的方方面面。组织结构设计与形态呈现，是多种思想理论融合的结晶。

（一）价值链

在企业经营管理活动中，基本增值活动直接创造财富，辅助增值活动提供重要支持。企业运行自有其业务逻辑，产生基本增值活动的基本增值活动链条按照业务逻辑运转，产生辅助增值活动的辅助增值活动链条按照业务支持逻辑运转。

根据有关价值链的论述，组织机构各部门的设置建立在基本增值活动基础上，基本增值链上的各环节衍生各个业务运作部门，辅助增值链上的各个要素衍生各个职能支持部门。组织结构的设置，首先要考虑是否强化了组织价值链，能否推动核心业务流程创造更大价值，能否提高业务运作的效率。根据不同职能在基本增值活动价值链、辅助增值活动价值链上的分布位置建立业务条线与辅助职能条线。业务条线又可分为基础业务条线、多元业务条线、创新（培育）业务条线，辅助职能条线则可分为共享支持业务条线、资本市场条线、组织发展条线等。

基本增值活动部门为利润部门或营收部门，只要部门人数规模足够，优先设置为一级部门；辅助增值活动部门为费用部门，一般设置为二三级部门，或合并为职能支持群从而提升为一级综合部门。通过对价值链位置的判断，实现组织结构的科学设计。

将价值链理论及内在逻辑植入组织结构设计过程，会让组织结构的理论基石更加坚实，贴近企业经营管理的本质（为股东、为公共服务机构、为社会创造财富）。

（二）战略

战略设想的重要支撑包括人才、组织、资金、政策等，其中组织结构是战略落地的重要承载。

基于上市计划的组织机构，需设立审计、监察、内控、战略投资、投资者关系、证券事务、财务报告等职能部门；基于收并购与市场拓展设想的组织机构，需设立战略投资、市场拓展、风险控制等业务与职能部门。对于重点培育的新增业务，从战略高度组建业务团队、设置提高一级的相应部门机构，以满足战略发展需要。

企业战略一般分为生存、增长、内部创业、增加份额、差别化、多元化、成本领先、转型、收缩等战略，选择直线制、矩阵式、事业部制、集团化—母/子/孙公司控制模式、网格制等组织结构形式与之匹配。

针对"存量、增量、新生"业务设置部门与岗位编制，职能支持部门尽可能面向"存量、增量、新生"业务实现管理资源共享，业务运营或拓展部门则相对单一面向"存量、增量、新生"业务的某一主要业务，同时部分兼顾管理资源共享。

（三）管控

组织是否臃肿，流程是否冗长，与管控模式的选择有直接关系。全面运营管控模式，风险完全可控，但活力和决策效率也被压制了，适用于市场竞争不那么激烈、发展相对平稳、业务比较成熟的企业；战略管控模式，让总部从日常事务中脱身，只需抓住战略、财务、绩效、重要人事任免、风险管理职能即可，由于从战略指导到战略控制的界限很难完全清晰，需要在管理过程中不断地调校以放松或收紧管控力度，适用于拥有多个相似业务条线的集团型企业；财务管控模式，关注投资回报，强调瘦身总部职能、子公司独立运作，总部直抓战略投资、风险控制、财务管理、审计监察职能，鼓励子公司自主经营、独立发展，适用于财务投资性企业。

根据集团管控模式，构建健全或精简的职能机构，因应设置岗位、计划编制。运营管控型集团总部健全各个职能；战略管控型集团总部保留关键职能，如设置财务管理中心、风险控制中心、审计监察中心、战略研究室、组织绩效部、干部管理部；财务管控型集团总部保留核心职能，如设置财务管理中心、风险控制中心、审计监察中心等。

（四）权力平衡

为了确保一人、一部门不能独大，企业实际控制人会通过各种手段限制高级管理人员的分管范围，以及拆分职能过于集中庞大的单一部门。对于当前已经阻碍公司发展但曾经做出重要贡献的元老级高级管理人员，需要通过虚衔、虚拟部门设置来实现权力的转移及新老平衡。

组织机构的分管及职位设置，一方面应避免无限信任和放权太大，埋下专权擅权、尾大不掉的隐患；另一方面还应避免授权失衡，激化新老员工之间的利益矛盾。除此之外，部门内岗位人选也需兼顾空降兵与老员工的比例平衡：基层管理岗及一般技术岗内部提拔比例不妨大一些，中高层管理岗及核心技术岗社会招聘（空降兵）比例不妨大一些。成熟业务、常规运维机构，内培擢晋为主；孵育业务、高难创新机构，外聘空降为主。

三、集团型企业组织结构设计理论假设

对于体量达到一定规模的企业，顶层设计水准对企业发展的影响尤为关键，科学的组织结构设置有助于从宏观结构层面推动组织发展。任何顶层设计都有相应的理论指导，企业可根据价值链、战略、管控模式、解决顽疾需要、登陆资本市场需要、权责利平衡需要中的一种或数种理论设计相对科学的组织结构。对于控股多家子公司且有一定营收规模的集团型企业，组织结构设计建立在价值链、战略、管控模式理论指导基础上；对于发展迅速、估值走高的企业，一般建立在战略、管控模式、登陆资本市场需要的规范基础上。解决顽疾需要、权责利理论适用于绝大多数中小企业、集团型企业。

集团型企业组织结构设计理论设想：假定集团内业务有一定相关性，采取战略管控模式，组织结构设置既拥有价值链的内在逻辑，又服从于战略战术结构性安排，基于权责利的基本对等、解决当下问题同时又着眼于未来业务运作。

（一）选择战略管控模式

做实主营业务区域公司及其他重要业务子公司的管理职能，集团总部保留关键职能，如财务、风控、审计监察、战略研究、组织绩效、干部管理职能，偏运营的可增加统筹与监管型的运营管理、政策与标准输出职能。

第一章 组织结构设计背后的理论支撑

战略管控模式又可分为两种，战略指导型管控、战略控制型管控。前者偏战略指导，集中管控财务、战略规划与子公司组织绩效，以及重点业务的监管和指导，同时决定子公司少数核心岗位人员的任免（如子公司总经理、财务负责人、人力负责人、出纳），还可制定和输出攸关子公司全局性重要利益的政策、各种管理标准；后者偏运营管控，集中管控财务、战略规划与子公司各级组织绩效，以及重点业务的监管和示范指导，同时决定了子公司大多数关键岗位人员的任免（如子公司总经理、副总经理、业务部门负责人、财务和人力负责人及其他主要职能部门负责人、出纳），制定和输出攸关子公司利益的政策、各种管理标准。

总体而言，集团总部抓大放小瘦身非必要职能，减并集团总部职能部门，数个职能合为大中心（如财务＋资金＋战略投资、组织发展＋人力＋行政＋成本＋采购＋法务、计划运营＋技术标准＋组织绩效、品牌＋营销、内控＋审计＋监察），其中人力、行政、成本、采购等职能主要面向集团总部提供支持服务，压扁集团总部部门层级及汇报层级，侧重组织发展而非日常运维；具体权力与职能下沉，将相似业态组成同一业务板块，区域公司或其他子公司日常运维职能健全，鼓励相对自主运作、战术决策。

（二）将价值链内在逻辑嵌入结构

集团型企业总部及主要子公司总部，两者之一的总部职能应相对健全。基础业务条线下常见机构包括营销管理中心、业务运营中心、业务板块（事业部）、市场拓展中心；多元业务条线下则设立多元业务事业群或多种经营事业部，创新（培育）业务条线不妨根据战略需要设立创新增值业务事业部。关于业务部门机构的设置级别，与业务宽度（包括业务集群性）、业务体量、业务战略高度有关，对于业务板块依次设置项目、片区、城市公司、区域、大区、事业部、事业群；对于业务职能机构依次设置小组、部门、中心、平台。

辅助职能条线的部门，基本属于费用部门，个别部门短期可能为企业带来超过业务利润的价值。如人事共享服务部、招聘支持部、教育训练学院、财务管理部、信息管理中心均属于共享支持业务条线，战略投资部、投资者关系部、证券事务部、融资管理部属于资本市场条线，而干部管理部、组织发展部或人才发展中心、咨询业务事业部属于组织发展条线。

至于是否设置为中心，要看部门职能宽度和人数规模，小设组、中设部、大设中心，多个中心聚为平台。

作为利润和收入贡献者的基本增值活动部门，在部门机构设置方面前瞻一些、大胆一些，如有业务必要性则优先设置为一级部门（如营销管理中心、业务运营中心），尤其是成熟的业务板块；作为费用支出者的辅助增值活动部门，除了人力资源、信息技术等个别职能设置为一级部门外，多数职能部门设组、设部，或合并非关联职能为综合管理部门（如行政、档案、采购、品牌合并为综合部或综合管理中心）。

（三）服从于经营战略的调整转变

公司战略设想的基本面是经营战略，需要结构性依托，结构包括组织机构、人才结构、产品结构等。发展中的集团型企业不仅应立足于现有业务，更要考虑未来空间，这些均会体现在组织结构上，诸如设置战略投资、风险管理、信息技术、政策研究、实验室等机构。

多数集团型企业的经营战略不外乎存量业务增长、增量业务拓展、重点培育业务成长这三个主要方面。集团型企业总部机构、编制资源因经营战略的重心变化而调整。集团型企业内部股权关系盘根错节，一般为母/子/孙股权控制关系，内部管理关系可能又是一套，出于管理需要的组织结构与股权架构一般很难对应，但跟战略设想可以一一对应承接。如已明确上市计划，会增设或扩充投资收购、市场拓展部门，同时成立审计监察内控机构与财务报告部门；如集中深挖存量业务，会强化和细分业务管理职能，成立计划运营部、数据分析部、成本分析部、培训督导部、大客户关系部等细分职能机构。

（四）解决七个基本问题和其他现实问题

一个合格的组织结构形态在解决现实问题基础上构建，首先应当解决企业组织的基本问题，其次再评估有无解决其他现实问题。唯有完全或基本解决组织结构的七个基本问题，才能保障业务正常运行。设计组织结构前做深管理调研，发现、分析企业运行中存在的现实问题，以及预见隐患，从结构

第一章 组织结构设计背后的理论支撑

上思考,通过调整组织结构解决当下问题、消除可预见的隐患(见表1-1)。

表1-1　　　　　　组织结构需要解决的七个基本问题

问题序号	问题	有无解决(打"√")
①	职能部门化问题—— 主要职能有无部门承接? 有无职能漂浮推诿状态? 新增职能哪个部门承接? 非相关职能如何承接?	
②	部门专业化问题—— 部门定位:专业机构、复合型机构、综合管理机构? 主要职能是否密相关? 岗位设置是否密相关? 部门管理是否足够扁平化?管理岗编制是否可控? 专业—技术—专家岗位或职级设置、薪酬是否有竞争力?	
③	部门/岗位权责问题—— 部门职能边界、部门负责人授权是否清晰? 部门职能边界地带如有意模糊,如何交叉协作? 岗位职责、授权是否清晰? 部门全部岗位职责是否完全承接部门职能?	
④	部门/岗位汇报关系问题—— 部门管理岗位、上一级主管单位/业务指导单位是否明确? 岗位直接上下级汇报关系是否明确? 中长期虚拟组织管理岗位、上一级主管单位是否明确? 岗位分工内容、协作方式是否明确?	
⑤	岗位控制跨度问题—— 岗位管理职能及管理人数边界过度还是不足? 岗位管理项目/片区/城市/区域/大区跨度过大还是太小? 岗位管理控制渠道、决策授权是否足以有效管控?	

续表

问题序号	问题	有无解决（打"√"）
⑥	信息传递速度问题—— 从决策层到末端的思想、政策、指令传递速度是否及时？ 部门之间的信息壁垒有哪些，是否严重影响信息传递？ 高阶管理与中阶管理人员的信息传递渠道是否有效？	
⑦	组织结构的弹性与延展性问题—— 组织结构的自我修正能力（修复完善）如何？ 组织结构的开放兼容性（迭代升级）如何？	

（五）着眼于未来、经得起变革

组织结构首先适应现行业务运作模式（商业模式、主营业务价值链），其次为未来业务运作模式埋下伏笔。前者只是基础，后者才是组织结构设计及调整的初衷——面向未来，扛得住外界冲击且经得起内部变革。组织结构设计不仅覆盖现有职能，还应结合未来业务发展需要提前扩充职能、增设机构。职能健全、机构科学、行政管理和权责关系明确、管理幅度合理，那么一个清晰的集团型企业组织结构就会浮出水面。

在市场经济活跃和变化较快的城市中，企业组织结构不应静态僵化，没有固定模式可以适应任何发展阶段，以变应变才能立足于市场竞争格局。只有研读国家经济政策、把握市场发展趋势、了解城市产业结构布局，才有机会敏锐调整结构应对变化。每一次的组织结构变革都应着眼于未来业务方向、预留变革升级的接口。

四、中小企业组织结构的"六面评估模型"图解

年营收亿元级别但不足百亿元（人民币）的企业在中国一二线城市为数可观，可统一视为中小企业。中小企业的组织结构一般需要满足"六面"的基本条件，所满足的面越多，有可能越实用。

结构六面评估采用封闭式判断和问题描述方式，整体评估组织结构是否科学实用（见图1-1）。

第一章 组织结构设计背后的理论支撑

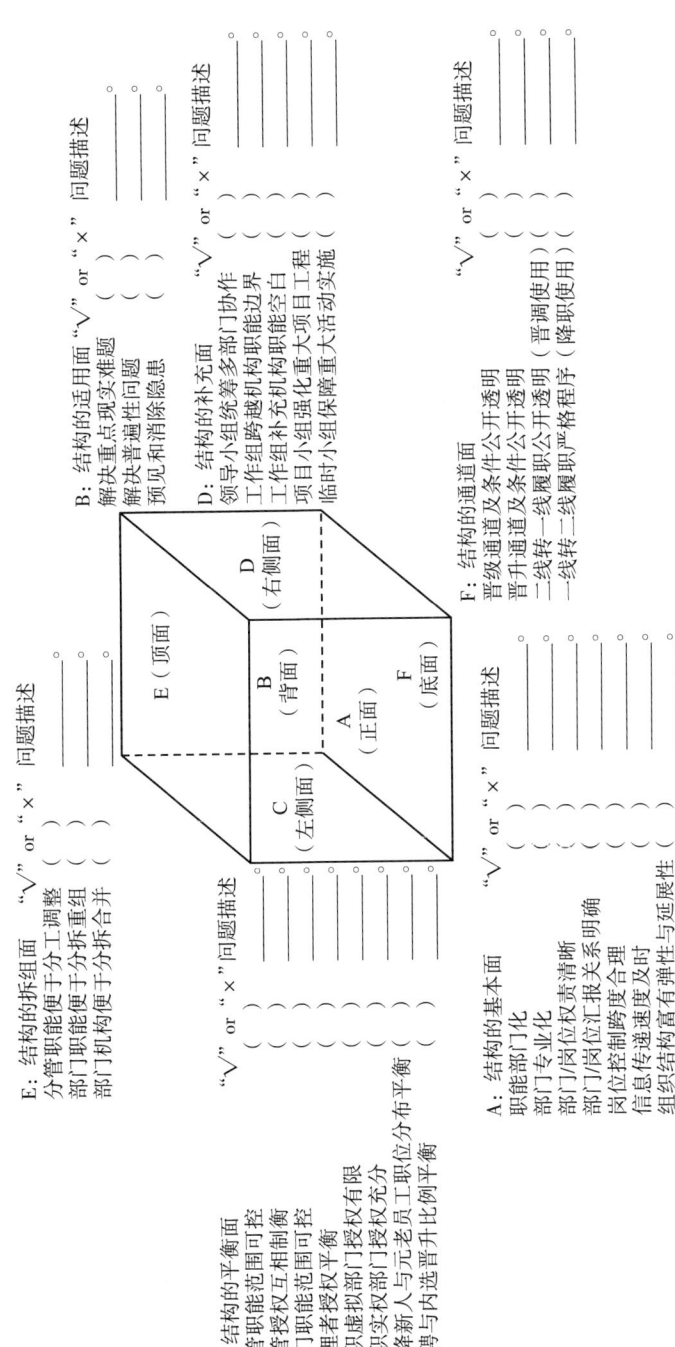

图1-1 中小企业组织结构的六面评估模型

当六面的基本面、适用面评估项多数为"×"时,要么否决该结构框架,要么重新审视是否为大胆突破型结构;一般情况下,组织结构设置应首先满足六面的基本面、适用面;当六面的两面以上评估项多数为"×"时,需要完善组织结构,否则只会带病运行;当六面的三面以上评估项多数为"×"时,需要立即优化升级组织结构,否则负面影响大于正面作用。

五、集团型企业前瞻性组织结构的基本形式

集团型企业一般下设诸多子公司、孙公司,开枝散叶大量最小经营单位,分属不同的业务板块,集团大总部套子公司小总部,管控模式因企而异。经营战略设想、价值链思考、管控模式选择共同影响组织结构的设置与呈现形式。在可预见的未来,集团型企业的组织结构主要有委员会决策、条线协同联席决策、事业群独立运作和独立决策、圆桌讨论—轮值或联席决策、"管理—专家"双头领导与联席决策、最小经营单位自治集群与分散决策、平台内部创业联盟平衡决策七种基本形式(见表1-2)。

表1-2　　　　集团型企业前瞻性组织结构七种基本形式

基本形式	结构呈现	管理决策方式
(一)委员会决议制	组织机构:战略委员会、提名委员会、薪酬与考核委员会、审计委员会、经营班子(日常经营决策委员会)、技术研发委员会、管理委员会(可细分专业条线委员会)、执行委员会 兼任处理:一位高级管理人员或会身兼数个委员会成员角色,除了最高决策人外,原则上一人不能同时担任两个(含)以上委员会的主任/主席,避免委员会形同虚设	讨论共识输出决议,产生分歧投票表决; 采取委员会讨论共识输出决议制,未完全达成共识则投票表决; 投票表决规则:委员会成员2/3多数票表决通过(委员会主席/主任投赞成票或弃权票为前提),但委员会主席/主任可以行使一票否决权
(二)条线协同制	组织机构:设立业务条线[基础业务条线、多元业务条线、创新(培育)业务条线]和辅助职能条线(共享支持业务条线、风险控制条线、组织发展条线、资本市场条线)。分工协作:业务、业务密相关中台职能、偏后台服务之职能分立又协作,是条线制的基本逻辑。条线制各司一块统筹同步,以经营为核心,公司管控、激励、服务围绕经营展开	条线内自主决策,条线间联席决策; 条线内日常管理事项自主决策、统筹协调,条线外重大协同事项联席决策、充分协调;辅助职能条线协同业务条线发展

第一章 组织结构设计背后的理论支撑

续表

基本形式	结构呈现	管理决策方式
（三）事业群独立运作制	组织机构：单一业务建立事业部，相关业务事业部组成事业群。事业部可以涵盖多个城市、区域，营收规模、利润数额达到一定数值。当事业部较多且事业部之间的主营业务有一定的相关性时，组队构成一个事业群 联合作战：事业部自主运行、上缴利润，事业群内事业部之间通过业务联盟扩大营收规模，通过资源互换深挖各种资源的价值	独立运作，生态联盟； 事业部独立运作、自负盈亏，事业群内构建生态圈、各取所需（内部交易）、统筹协调
（四）圆桌讨论—轮值或联席决议制	组织机构：多业务板块，业务板块下设事业部或大小区/城市公司。如投资业务、成熟运营业务、创新业务板块等 轮值CEO或联席总裁人选：业务板块负责人自动成为集团轮值CEO或联席总裁候选人，至少为集团重大事项决策成员。在圆桌会议中，最高决策者通过轮值形式持续变换，或最高决策不止一人，投票决策是常见现象，甚至反复多轮投票才能决定重大投资等事项	共议共决，产生分歧投票表决； 轮值CEO、联席总裁、决策常委共议共决，未完全达成共识则投票决策（投票规则：决策常委过半数表决通过，但董事长或轮值CEO/联席总裁可以行使一票否决权）
（五）"管理—专家"双头领导制	组织机构：公司/业务单位双头领导，设置业务管理负责人、业务专家岗；业务专家、业务管理负责人并行向上一级业务管理负责人行政汇报 责任边界：业务管理负责人负总体责任，业务专家负参谋建议责任，两人同级、共同向上汇报	业务管理负责人主导，业务专家联席签字； 公司/业务单位日常管理决策权授予业务管理负责人，重大决策事项业务管理负责人、业务专家联席审核/联席签字方有效
（六）最小经营单位自治集群制	组织机构：一个平台（圆心）提供共享管控和支持服务，众多最小经营单位集群于平台"航母舰群"：以集团或子公司总部为服务平台，为业务单元提供必需的职能支持类服务，包括内外部交易、财务管理、人事管理等信息化系统；设立众多最小经营单位（可称之为"项目"或"小店"），为之赋能授权。服务平台犹如母舰，各种经营项目或网点门店如护卫舰、驱逐舰、巡洋舰、补给舰、潜艇一样围绕，形成庞大的集群舰队	平台战略决策，最小经营单位战术决策； 平台制定规则、信息化与数据库管理、战略决策、财务管控、风险管理、资源支持，最小经营单位相对自治、自负盈亏、快速反应，战术决策
（七）平台内部创业联盟制	组织机构：一个平台提供多种业务机会，鼓励内部创业成为平台供应商、经销商、垂直业务合作商、专业服务商 多重角色：在大平台上，内部构造犹如网络互联，一家公司根据平台生态圈内的交易需要经常变换角色	员工内部创业，公司控股或参股，章程决策； 平台与内部创业者共同投资成立内部创业公司，平台通过公司章程和财务管控、重要人事任免把控内部创业公司，形成联盟

上述组织结构形式，无论哪一种均需考虑和确定决策方式，因为管理的实质是决策和承诺，其他都是表层面的内容。决策关乎企业的效能、效率，决策瞻前顾后或僵化导致企业失去稍纵即逝的市场机会，内外部环境应变力低下，企业的发展必然似车辆行驶在荆棘丛生的慢车道，艰难而行；承诺关乎目标的实现、任务的达成，决策的落实需要承诺来兑现，一个经常不能兑现对组织承诺的团队，是一个有致命缺陷的队伍。组织结构也是一种竞争力。组织结构的前瞻性及张力为公司带来竞争优势，让科学决策、行动计划、人才资源顺畅变现。

平台内部创业联盟制、最小经营单位自治集群制形式的组织结构，富有弹性，经营末端的组织变化不会影响整体架构的完整性及功能，淘宝、美团、深圳保利、长城物业等或以此方式成熟运行或在尝试探索，鼓励内部个体创业或成立公司创业。委员会决议制通常为正式组织结构的重要补充，委员会成员来自各个正式部门，有着标准的职位，委员身份只不过是其另一种兼任角色。其实委员会决议制也可以替代其他传统形式（如金字塔结构）成为唯一的正式机构，需要解决交叉管理、交叉决策的问题。"管理—专家"双头领导制一般有行业属性，对于技术含金量较高或生产质量高要求的行业，单纯靠管理者做重要决策，有可能沦为技术门外汉或半桶水式的行政管理，必然存在决策风险且影响巨大，因此业务专家的作用就凸显出来。以华为企业和"投资+实体运营公司"等为代表，一直在尝试圆桌讨论—轮值或联席决议方式；以富士康、腾讯等企业为代表，由于多种事业的扩张铺排，进而采取事业群独立运作制。

第三节　组织结构设计程序及成果

一、组织结构设计程序

从咨询的视角来设计组织结构，大致分为七步。

第一章
组织结构设计背后的理论支撑

第一步,调研分析与研讨。分析组织结构设计的背景(时代背景/公司战略/管控问题/现实问题与发展隐患/价值链)与变革阻力;梳理所需资料,包括公司业务流程、企业及部门职能、工作岗位、岗位工作内容、编制现状。

第二步,选择理论依据。国内绝大多数中小企业主动或潜意识中采用了韦伯提出的科层组织理论,强调层级和秩序、职位所赋予的权威,组织结构基本上属于跟随型。巴纳德的组织平衡说、卡斯特的系统管理理论为企业或其他组织提供了组织结构变革的支撑,当发觉内外部环境变化应认真检视和快速调整组织结构,系统地有预见性地重新规划,不断优化及重建一个开放的、动态的组织结构。扁平化管理理论和科层组织的官僚架构恰恰相反,推崇压扁层级、减少行政汇报链条,缩短信息流转长度和追求快速决策,倡导分工不同淡化官僚层级。选择不同的理论作为组织结构设置的依据,企业运行结果可能很不一样。任何一个成立多年的组织,都有其管理惯性,惯性既可以提高效率,也可以毁掉发展。

第三步,设计组织结构及配套方案(嵌入规则与逻辑)。根据理论指导,设计呈现组织结构图、绘制岗位架构关系图、编制人力预测与人员落位表,梳理组织管理手册(含组织结构调整说明、部门职能说明),设计职位说明书。

第四步,评审组织结构方案。组织和主持组织结构评议会议,采纳合理化的评议意见,调整组织结构方案。

第五步,公布和解说组织结构。OA正式挂网公布组织结构文件,然后分层组织召开培训解说会议,由组织结构设计团队解说组织结构全套文件。

第六步,共享配套体系文件。于公司线上共享功能区开放组织管理手册、岗位管理体系文件等资料,对不同的员工群体设置"可查看,不可下载"或"可查看,可下载"权限。

第七步,评估组织结构运行效果。在组织结构运行一段时间后(如3~6个月),由组织结构设计团队再次调研分析运行情况,包括问卷调查、人员访谈、流程审批数据分析等。因应微调组织结构,从结构上确保科学决策、人才资源的有序变现。诸如组织结构等管理咨询,一定要保障程序的严谨性,在过程中砍减环节、偷工减料自然会导致过程的失控,结果难以预期。

二、组织结构设计交付成果

在组织结构设计的每个环节中,均需交付成果。交付的主要成果为组织结构图(含岗位架构图/编制计划与人员落位表)、组织结构调整说明(含部门增减合并及名称变化说明),重要成果为组织结构与管理问题调研报告、组织管理手册(含部门职能说明)、岗位管理体系文件(含职位说明书),除此之外还会输出组织结构设计理论依据说明、部门机构及岗位名称规范、定岗定编理论依据说明、职业发展通道图、信息沟通链条指引、人事调整措施。其中《组织管理手册》可以扩大为组织结构全套方案文件,作为组织结构思考的整体智慧结晶,其内容组成如表1-3所示。

表1-3　　　　　　　　《组织管理手册》内容组成一览

章节		备注
第一章		组织结构图及组织结构调整说明
第二章		组织职能
	第一节	部门机构职能分解图
	第二节	部门机构职能详述
	第三节	承担各级组织绩效的机构名单
	第四节	部门机构名称规范
第三章		岗位管理
	第一节	定岗定编说明
	第二节	行政汇报关系说明
	第三节	业务指导关系说明
	第四节	专项工作汇报关系说明

第一章
组织结构设计背后的理论支撑

续表

章节		备注
第三章	第五节	信息沟通链条说明
	第六节	职位说明书（任职资格、胜任素质、贡献、责权）
	第七节	岗位名称规范
第四章		职业发展通道图
第五章		组织机构与岗位设置调整原则
	第一节	组织结构设置调整的触发条件与调整原则
	第二节	组织机构名称调整的触发条件与调整原则
	第三节	岗位设置增减的触发条件与增减原则
	第四节	岗位名称变化的触发条件与变化原则
第六章		组织管理决策方式

三、关于部门机构及岗位名称的规范

组织中关于部门机构的设置，有些企业随意为之，两三个人的部门编制即称呼为中心，营收规模不足百万元的团队称呼为事业部。岗位名称的管理，也是凭主观意气，大设"总裁""总经理"等职位。部门机构及岗位名称非常有必要规范化，不应允许随意增设部门和岗位，也不允许随意拟定部门名称和岗位名称，应遵照名称管理规范设立部门及岗位。

拿中心与部举例而言，组织结构中，同为一级部门设置"中心"还是"部"的判断依据方法：

（1）未来定位判断方法论。根据战略侧重点和部门贡献方向确立部门名称。

（2）现实价值链位置判断方法论。基本增值活动部门（直接创造财富的部门），优先设置为"中心"；辅助增值部门（费用部门），优先设置为"部"。

（3）规模判断方法论。拥有多个二级部门、人数规模较大的一级部门，设置为中心。

再拿"总经理"与"总监"举例，业务板块与职能部门设置"总经理"及"总监"的原则：

（1）业务板块优先设总裁/总经理岗。事业群总裁负责制，事业部、大区、大项目总经理负责制，下设总监等岗位。

（2）职能后台少设总经理、多设总监岗。多中心平台可设总裁岗，中心机构可设总经理岗，严格控制职能总经理岗位编制数量，多设管理总监和专业总监、工程师岗。

第四节 定期评审和优化组织结构

企业每年至少应评审一次组织结构运行状态，便于及时优化调整。对于竞争激烈、环境变化较快的行业，每年评审一次周期太长，至少半年一评估。评估维度：新的组织结构对公司变革的促进作用，有无解决结构性瓶颈问题，有无消除发展隐患，有无满足价值链管理需求，有无理顺管控风险与决策障碍，有无满足战略发展需求。

组织结构调整，常由企业经营管理第一负责人或业务板块负责人提议，并有迫切性，而职能后台负责人倾向于维持稳定或恐惧反复变动，对变动带来的负面影响无所适从。在行业发展快进节奏的大背景下，组织结构的快速调整未必是坏事，通过不断试错和纠偏来提高组织结构的适应性和前瞻性，这才是组织结构管理的真谛。

检验组织结构设计水准，不外乎效能和效率两个基本评价维度。既看组织决策的管理决策和执行效率，更看组织结构的市场应变及内部应变效能。

人力资本管理，只要做好五件事，就能有机会推动公司走上高速行驶轨道，实现强劲发展。这五件事分别是：变革组织结构（通过机构/岗位设置建立发力支点）、做好分配设计（撬动人性之贪/善）、猎寻优秀人才（人事匹配/科学搭配）、聚焦要事盯紧目标（组织绩效与重大专项）、合理调配资源与做顺基础管理（标注化、信息化、数据化管理）。其中组织结构的调整变革，是这五件事当中的第一步，起到结构性引领发展作用。

术语解释：

集团型企业：指通过资本联结的母公司、子公司、孙公司，股权呈母/子/孙公司控制关系、控股公司数量较多、业务通常多样性的企业法人联合体。

中小企业：指经营规模较小，人员数量有限的中等或偏小型的企业，各行各业的具体判定标准有所不同。国家亦有对中型企业、小型企业、微型企业的划分标准。

操作规程：保安全、保质量生产的工作程序，日常作业的具体作业标准与步骤。

基层管理团队：组织中最低一级的管理层，诸如班组长、领班、队长、值班经理、主管等岗位组成的管理队伍。

高级管理人员：指公司总经理、财务负责人、副总经理、董事会秘书，宽泛意义上还扩展包括公司一级部门负责人。

中高层管理岗：公司总经理、财务负责人、副总经理、董事会秘书、一级部门负责人、各级业务管理骨干（承担组织绩效）、管理总监。

经济人：假定人由物质利益驱动，通过利益补偿可以满足人的需求，此谓经济人。

理性人：以利己为目的从事经济活动，追求付出较小的代价获取较大的经济利益，理性人包括个体、团体、企业、政府、政党组织。

社会人：假定人除了物质利益驱动外，还需要在社会环境中学习、生活、交际，以及承担一定的社会责任，此谓社会人。

复杂人：假定人的需求受环境因素的影响复杂多变，动机千差万别，此谓复杂人。

科层组织：强调层级、秩序、岗位权威、程序的组织，其组织结构为瘦长型金字塔形式。

官僚组织：同科层组织。

官僚等级：在行政汇报对象、职级设置等方面有着严格的、明确的界限，把岗位分为三六九等，便于秩序化管理组织。

公职：为公民提供公共服务的职务，一般指政府机关、社会性企事业单位、社会团体中的职位。

诱因：引发人的心理活动或心理需求的刺激性因素，又分为正诱因（趋向）和负诱因（回避）。

对价：合同术语。合同中双方或多方互相之间的代价性承诺。

弹性张力：在变化中呈现出的柔韧性，在外力驱使下既能变化，在外力消失后又能恢复原状。

权宜机变：因时因地制宜，灵活变通。

高长型组织结构：管理层级较多、上下级汇报关系明确、行政指令方式管理的组织结构。

熵减：物理学概念。用以衡量物质或事物的内在混乱程度，微观、宏观都可适用。混轮程度下降即熵减。

熵增：物质或事物的内在混乱程度上升即熵增。

价值链：生产活动的增值行为的分析，分为基本增值活动和支持性增值活动。基本增值活动与生产、销售等直接关系，支持性增值活动不能直接创造价值，需要依靠基本增值活动才能创造价值。

战略：长远的全局性规划、设想。

管控模式：关于集权和分权的管控策略，包含财务管控（投资管控）、战略管控、操作管控（全面运营管控）三种基本的管控模式。

权力平衡：组织内相互制约的授权，确保组织运转保持平衡。

最小经营单位：设置单独账套，收入、支出独立核算的最小部门机构。

效能：关注应对内外部环境变化的管理决策能力，强调做正确的事，侧重效益和潜在利益。

效率：关注有无提供结果、有无达到最低验收标准、结果时效性如何；强调及时把事情做对，建立在做正确的事情基础上。

顶层设计：处于上游位置、从全局角度出发，系统思考和整合各项要素使之充分关联，提出统筹性前景规划、实施规划，或提出影响面广泛的政策。

中台：贴近业务、快速反应、变换业务语言沟通交流、灵活决策、提供具体解决方案的职能架构。

后台：远离业务、有序运行、标准化语言沟通交流、程序性决策、采用标准化体系服务和管控的职能架构。

第二章

人力资源发展阶段回顾与未来趋势研判

企业在不同的发展阶段，人力资源的角色定位、主要功能亦不同。事务阶段、专业阶段、战略阶段、价值阶段为人力资源发展的常见阶段，迄今为止，小微企业的人力资源管理一般处于事务阶段，传统行业多数中小企业的人力资源管理及发展处于专业阶段、战略阶段。随着信息技术革命的推波助澜，人力资源的数据预测与决策、全智能化趋势日益加速，部分高新技术企业、互联网企业则已步入价值阶段、数据预测与决策阶段，少量前瞻性企业开始探索尝试全智能化管理。人力资源的发展阶段与经济社会、企业发展趋势密切相关。不妨比较一下人事事务性管理、人力职能专业化、战略人力资源、人力资本价值管理、人力资源数据化决策、人力资源智能化升级各阶段的特征、部门与编制配置原则、人力成本预算原则及利弊因素，有助于企业结合时代背景和行业及自身发展趋势判定和主动选择定位自己所处的人力资源发展阶段。

人力资源发展阶段研究通常分为人事事务性管理、人事专业化分工、人力资源战略发展、人力资本价值创造四个阶段。

小微企业及中小企业、集团公司下属分/子公司关于综合部或人事部的设置，强调对事的日常处理。随着企业职能扩展和细分的需要，人事首先从最初的综合事务管理（人事行政财务等）过程中剥离为相对独立的职能，朝向专业模块细分方向发展。

人力资源管理部的设置，强化了"专业的人做专业的事"。人事专业化分工仍处于日常运维层面，主要是满足日常管理需要，在企业战略设想贯彻过程中，于是又着眼于人力资源战略发展，将各个细分职能统筹思考、倾斜分配资源、有序布局支撑企业战略。组织发展部的单列设置，凸显组织与人才发展规划职能对公司战略的支撑作用。在企业内部虽将人力资源提到战略层面，却仍嫌不能突出人才的价值作用。

知识创造价值，中高级人才、技术人才日益成为公司经营发展的不可或缺的关键资源，有学者顺势提出了人力资本价值概念，转而强调对人才的投资热情及回报要求，催生了干部管理部、人才发展中心的设置，从而将人作为智力资本看待。

在信息化时代人才、产品、数据快速膨胀及更新迭代、人工智能概念与应用研究层出不穷的发展趋势下，需要研判人力资源发展趋势，积极探寻和提前布局引领或迎接人力资源的未来。由于商业化的人力资源职能依附于企业，人力资源的未来必然与企业发展趋势密切相关。

当前企业发展的大背景，是信息技术革命（information revolution）。智力服务在信息技术时代愈发重要，信息源、信息资源、信息处理技术、知识与信息情报流向、人工智能技术成为国家和企业竞相争夺的关键资源。从社会经济发展趋势看，信息密集、技术密集、智力密集特征明显的企业更有机会在市场竞争及国家实力较量中脱颖而出。

第一节　企业发展趋势与终极选择

一、企业发展趋势与终极选择

未来大趋势，只有两种公司"活得好"：一种是信息密集的平台型公司；另一种是智力与技术密集的专业型公司。这两类公司有着轻资产化、智力密集、信息密集、技术密集共同特征，只不过前者偏信息密集，后者偏技术密集。

企业在加速向着技术密集、智力密集、信息密集、人工智能方向推进，优秀企业之间的较量已经转变为比拼前瞻性、变革能力、战略定力（认定方向→长期投入→厚积薄发）。除此之外，企业也在走向基础服务标准化、延伸服务个性化、内部管理人性化。智力密集状态下，组织管理层级越来越扁平化，技术职级越来越拉长。

高学历、高职称、技术专长的优秀人才受到企业追捧，企业纷纷汇集优秀人才以加强研发和掌握核心技术，通过自动化机器设备或由人工智能提供标准化服务，普通人才输出个性化服务。

企业发展的终极选择，不外乎登陆资本市场、完成收并购、招商加盟、委托经理人治理、选择合伙人治理、协议托管经营、实现品牌梦想、完成民族使命、走向寡头垄断、选择股权转让十种宿命，这十种宿命可以同时选择，但终极选择越多后续发展越吃力。只有把握企业发展趋势，才能让终极选择价值加码的概率增加。

二、企业发展趋势左右人力资源发展趋势

信息密集趋势，要求人力资源日常管理在线录入、更新、存储原始数据，鼓励采用和持续升级人力资源信息软件（信息系统），通过大数据实时反映、实时分析，实现数据预测和决策，于是，人力资源数据的结构化、互联共享、流通速度、安全性、处理能力就成为人力资源发展的重中之重。

技术密集趋势，推崇拥有核心技术人才、核心技术专利，基于算法模型、自主学习与更新升级的人工智能足可替代各种复杂的人工作业。技术密集型企业占据上游利润高地，不惜一切代价引进和持续保有核心技术人才（如研究员、专家、科学家）。

智力密集趋势，推动企业将资源投向高学历、高职称、技术专长、具有复合能力的优秀人才，实现战略性与关键价值支撑性人才布局；人工智能趋势，逼迫人们放弃容易被自动化设备、人工智能替代的常规作业，必须集中精力解决复杂问题、研究和创造。

平台化趋势，推动企业建立共生共赢生态系统，一平台一世界，将员工转型为合作伙伴，直接管控模式转型为遵循平台规则松散合作模式，这需要

抓住核心业务,制定和输出标准规则,重要业务大力推广和持续完善事业联盟机制,边缘业务全外包,劳动密集业务个体松散合作。

综上所述,企业发展趋势从根本上左右人力资源发展趋势,推动着人力资源的管理创新和转型。

第二节 人力资源发展阶段回顾

人类社会从蒸汽时代到电气时代,再步入信息技术时代,企业历经初创、快速成长、黄金发展、成熟平稳、转型或衰退阶段,一切都围绕一个"变"字。人力资源发展大致经历四个阶段,从综合事务到专业细分职能,再到战略支撑,最后到价值创造,人力资源发展的关注点从"事"向"人"持续转变(见表2-1)。

表2-1　　　　　　　　人力资源发展阶段回顾分析表

发展阶段	主要特征	部门/编制设置原则	人力成本预算原则	利弊分析与产生背景
事务阶段	人事行政财务管理,人力及精力投放在人事行政财务日常运维方面。各类后勤职能不分家,混合管理	办公室或综合管理部、人力行政部;严格控制编制,一人多能	成本优先	利:成本压力小,做事灵活;弊:内部管理粗放,创始人依靠信用用人和具体指挥管理;产生背景:创业期企业,集中于市场应变和策略能力,无暇顾及内部管理
专业阶段	人力资源专业职能管理,人力及精力投放在核心与重要职能模块化专业管理方面。招聘和薪酬福利核算为基础职能,其余细分职能有序专业化	人力资源部;配齐人力资源规划、招聘配置、薪酬福利、绩效考核、培训开发、劳动关系职能模块人员	成本可控	利:成本整体可控,职能服务走向专业化运作,熟练操作;弊:专业化管理与战略需要、人才投入产出等未必匹配;产生背景:发展期企业,重心于把握市场机会,有限关注内部管理

续表

发展阶段	主要特征	部门/编制设置原则	人力成本预算原则	利弊分析与产生背景
战略阶段	人力资源战略管理，人力及精力投放在公司战略支撑、人力资源全景规划与实施规划、人力资源战略实施管控方面。人力资源的组织设计、编制成本策略、管理重心与发展目标皆从战略层面思考	人力资源管理中心+人才发展中心，或人力资源管理部+组织发展部；保留人力资源管理岗位，根据战略需要扩增设置人力资源发展岗位编制	战略需要优先	利：从日常管理转向变革发展，根据战略需要积极倾斜资源强化某种职能，优化人才结构保障战略落地； 弊：编制大幅增加、薪酬明显上涨，成本压力大，人力成本投入回报周期长、效果不好评估； 产生背景：黄金期、成熟期与转型期企业，强调危机预见和竞争优势构建能力，从战略层面考虑人力资源发展
价值阶段	人力资本价值管理，人力及精力投放在人力投入产出预测、人才首次配置、效益评估、人才配置后续优化调整、人才梯队建设方面。大胆定薪引进、大胆擢晋优秀和高潜人才，让结果纠偏，薪酬与组织效益密切挂钩，快速优化调整，推崇内部交易	人力资本中心，或人才招募部、人才发展部（或组织发展部或干部管理部）、人事采购服务部、（内部创业）咨询培训公司、管理学院（或人才大学）；编制计划的多少取决于包括内部交易在内的人力资源相关服务收入水平，根据业务采购需要灵活配置和实时调整人力资源岗位编制	变费用部门为利润中心	利：机构无臃肿、人才无浪费、人员无冗余，人力成本可通过内外部收入等方式消化，人力资本化，以所创造价值大小（折算为经济数字）为衡量人才绩效表现的主要标准； 弊：受外部市场环境、内部经营能力、企业资源整合能力直接影响，内部机构及人员变动性大； 产生背景：重生期企业，呼唤创新变革勇气、大胆作为精神，聚焦人才资本价值、内部交易、外部创收

第三节　人力资源发展未来趋势研判

在信息技术革命浪潮中，人力资源的发展将不可避免地打上时代的烙印。互联网、信息软件、数据库（本地部署与云部署）、人工智能作业的推广应用，要求人力资源日常管理与发展建立在互联网与信息技术基础上，譬如入转调离在线操作、考勤自动化、利用管理软件核算薪酬福利、在线绩效评价、员工自助查询、人工智能作业（譬如自动抓取与分析数据/自动预警

第二章
人力资源发展阶段回顾与未来趋势研判

及决策处理/自主学习和更新算法),每一次的信息录入或更新也是人力资源数据沉淀的过程。人力资源发展的未来趋势,信息软件、数据安全存储和实时处理、人工智能作业成为关键词(见表2-2)。

表2-2　　　　　　　　人力资源发展趋势分析表

发展阶段	主要特征	部门/编制设置原则	人力成本预算原则	利弊分析与产生背景
数据预测与决策阶段	底层原始数据信息持续不间断、准确完备地积累沉淀和自由流通,建立数据仓库、分析模型和巩固信息安全,将深度挖掘的人力资源大数据信息转化为业务语言(二维平面或三维立体可视化呈现),实现自动预警和输出结构化数据报表,实时的数据报表作为决策的重要参考	信息技术中心功能(人力资源报表)将部分人力资源职能替代;让信息系统运作代替人工简单重复作业,编制上增设人力资源信息化建设与运维岗,减少人力资源人工重复作业岗	加大信息化投入,减少劳动密集型人力资源运维成本	利:实现24小时×7天的信息化运作,显著降低对日益上涨的人工成本的依赖;通过数据分析、预测和决策,相对客观科学;弊:信息技术安全风险隐患变得举足轻重,对网络和信息系统非常依赖;产生背景:信息化时代催生对原始信息、原始数据的海量获取需求,通过数据变动趋势预测和策略性应对,而人力资源数据是专业化公司的内部高价值信息,是平台型公司的外部高价值信息
全智能化阶段	在大数据基础上实现商业智能(BI)与人工智能(AI)。业务运作去人化——将日常深度挖掘的人力资源数据信息转化为业务语言可视化呈现,让能够自主修正升级或创新算法模型能力的智能机器人自主学习表达创新与分析处理决策	BI&AI中心;让智能机器人代替人工复杂处理作业,大幅减少人力资源运维岗和复杂处理岗,仅保留研究和创造性岗位	加大人工智能技术研发和智能机器人制造投入,减少非研究创造人工成本支出	利:进入"基础运维性信息系统、自主学习和解决难题性智能机器人、研究创造性人类三足鼎立"的人力资源发展时代;充分解放人的创造性生产力;弊:人工智能算法模型修正或升级能力不可控;基于互联网的信息系统可能被别有心机的人类操纵利用;产生背景:人越来越退守在大脑价值空间,信息系统和智能机器人既服务于人类,也控制了人类文明社会的进程及文明秩序

第四节 不同阶段的人力资源角色定位

一、人力资源发展的宏观风险

人力资源管理与发展过程，一般存在"人力资源机制设计背后的支撑理论滞后于时代发展趋势、激励偏差、人力资源缺乏或过剩、人才结构不合理、关键岗位人才缺乏、核心人才和特殊人才流失风险加大"六大宏观风险，规避人力资源发展宏观风险的第一要务就是找到相对匹配"企业发展阶段和时代发展趋势"的人力资源发展阶段，进而明确当前人力资源角色定位和核心贡献。

二、人力资源角色定位转变过程

人力资源的角色定位随着人力资源发展阶段的变化不断调整和重建，首先从事务性的综合管理向专业职能的人力资源管理转变，又从专业职能的人力资源管理（人岗匹配、专业身份认同、例行工作）向战略性人力资源发展转变，再向业务导向的人力资源发展（人尽其才、人才资本创造战略价值）转变；人力资源的角色定位还从基础人事手工作业向信息化、智能化SSC（信息化、智能化共享服务）转变；更从滞后性结果管理、主观经验型决策向领先型数据化SSC（数据实时共享服务）、客观数据化决策转变，拥抱"智能机器人自主学习及自动修正升级算法模型时代"；也从单纯的人力资源控制角色向人力资源服务（标准化体系运维）、人力资源咨询（规则输出、标准化体系成果输出、人力资源定制化解决方案输出、业务参谋）、人力资源控制与激励三位一体角色转变。

作为企业决策人或人力资源负责人，须积极关注社会经济及行业发展态势，洞察和拥抱趋势，而非消极抵制，人的决策效用建立在尊重客观规律和深刻洞察社会经济及政治走向的基础上。你不主动预见并改变，趋势就会在你付出惨痛代价后强迫你改变。因此，不与趋势为敌，但做未来规则的设计者。

术语解释：

以下术语主要来自百度百科、MBA智库百科、国家相关政策法规条文术语解释等词语条目。后同。

激励偏差：指激励不足、激励过度、激励方向偏差。激励方向偏差实为无效激励，激励因子与激励需求错位造成。

人力资本：劳动者本身所具有的知识、技能、体力、独特资源的总和，可以实现增值。

趋势：事情持续发展的总体方向，大概率稳定不变。

轻资产：集中围绕核心业务做运营，非核心业务外包处理，尤其主动剥离劳动密集型的业务。

智力密集：围绕智力资本核心要素产出成果，智力包含智商、知识、技术、专业技能，相对于劳动密集和资金密集等有着明显区别，依赖于知识型研究创造人才、技术研发和产品开发人才、专业人才，发挥智力资本密集效应。

技术密集：大量装备和使用先进的自动化机器设备，技术研发/产品开发/产品设计/技术操作人才比重较高，对人才的学历、职称、技能认证有硬性门槛条件，发挥科学技术密集效应。

信息密集：能实时获取海量信息、批量原始数据，并借助信息系统将信息数据结构化处理、商务报表形式呈现，变专业语言为业务语言，通过算法模型提供预测信息、决策建议。

人工智能：以人脑为研究对象，模拟、应用、延伸、扩展人的智能，接近甚至超越人类智能，赋予仿真机器人自主学习、自主对话、神情表达、自主思考、自主修正算法模型、自主处理复杂问题能力。

BI：business intelligence，商业智能或商务智能，采用数据仓库、数据挖掘、数据分析技术及业务语言呈现方式,实时共享商务报表,提供数据预警和决策参考。

AI：artificial intelligence,人工智能,基于模拟、衍生和扩展人类智能的技术研究开发科学。

第二篇

分配激励研究与实践

第三章

员工股权激励研究

——搭建拟上市公司有限合伙平台的思考

传统分享经营果实的管理措施,已经难以满足员工的利益及组织身份诉求。调薪、绩效、提成、晋级、晋升属于传统的利益分配方式,分红、期权、股票、股权为所有权与经营权分离时代的深度利益捆绑分配方式。企业的核心人才在人才市场中常占据卖方优势地位,传统的薪资、绩效奖金或提成等已不再具备足够的吸引力,企业提供的分红、期权、股票、股权机会等反而有较大的吸引力。

对于股份制公司、拟上市企业、已上市公司,需要以深层利益捆绑核心人才,研究此类企业的管理团队及核心技术人才持股方式,成为时代趋势。选择设立员工持股平台,以有限合伙企业为载体、采取期权激励方式推出员工股权激励计划,通过设置一系列行权、锁定、解锁条件实现对特定员工群体的股权激励。

关于持股平台的选择涉及控制权、投票表决权、登记注销手续、个人税负处理等问题,采取期权激励方式涉及激励对象群体的条件筛选、投资定价、考核标准与周期、行权金额及次数限制等问题,上述问题正是本篇研究的具体内容。

第一节 股权激励常识简述

从宽泛视角看,可将员工股权激励当作薪酬计划的一部分。薪酬设计覆盖全员，其中股权激励计划聚焦精英。股权激励方式涵盖实股、虚拟股、股票、期权等，并由此衍生增资扩股、股权赠予或有偿转让、股票赠予或限制性股票赠予、股票增值激励等种种操作方式。

员工有机会成为非创始人小股东，但不必汲汲于股权的完整权利，如所有权、投票权、分红权、转让权等，毕竟双方还是雇佣关系实质。尤其是非核心高级管理者，更不必角色认知错位。纵然如此，员工股权激励计划的积极作用仍然不可小觑。股权激励计划可推动创业守业的大转型：从"创始人作为生意人创业"发展期，快速过渡到"创始人作为企业家带领事业伙伴守业、二次创业"阶段。

股权激励说到底还是一种报酬——目标制报酬。上市公司通常以股票作为物质激励标的，如股票期权激励、限制性股票激励为常见的股票激励形式；拟上市公司若要转变员工身份，只能以股权作为物质激励标的，有限合伙期权激励、一致行动人协议股权激励为常见的股权激励形式。

一、股权激励计划

（一）员工持股平台

拟上市公司若要实施股权激励计划，需要一个平台载体。建立员工持股平台有四种基本方式：（1）让员工在拟上市公司中直接持股；（2）通过有限公司间接持股拟上市公司股份；（3）通过有限合伙企业间接持股拟上市公司股份；（4）通过资管计划间接持股拟上市公司股份。直接持股方式后期面临控制权、投票表决权等一系列问题；通过公司间接持股将直面税负筹划的巨大压力；通过资管计划间接持股，一般是为了突破有限合伙等方式对于股东人数的限制，且多在上市后采纳；四种方式中，有限合伙方式登记注销、管理、考核等相对简便，一旦股东之间发生纠纷或变动，后遗症也少。

（二）股权转让或增资税负

若要实现管理团队持股，就需要变更现有股东持股比例。创始人股东转让股权，意味着有限合伙人受让股权；有限合伙平台增资，意味着有限合伙人取得合伙份额。前后两种情形，有限合伙人皆可能由此承担个人所得税税负。员工持股平台一般通过创始人股东转让股份或增资扩股方式，实现员工对拟上市公司的持股。

股权转让，以有限合伙平台合伙人作为受让方，那么合伙人应出资受让，非公允价的股价转让一般会涉税。员工受让价－股权公允价＝差额，差额部分被视为工资所得，同时，有限合伙人应缴纳个人所得税。创始人股东转让股权，视为股改的一部分，股改后发起人股东1年内股份维持不变。

增资扩股，若非公平交易，仍需缴税。增资定价明显低于公司净资产或同期投资人投资价，有限合伙人行权时，员工增资价－股权公允价＝差额，差额部分同样被视为工资所得，有限合伙人应按阶梯税率缴纳个人所得税。有限合伙人后续转让，则需缴纳财产转让个人所得税。

二、有限合伙平台

（一）GP 与 LP

作为拟上市公司，在 IPO 前三年或前一年，即可设立有限合伙平台。有限合伙平台至少登记 1 名 GP（general partner，普通合伙人）和 1 名 LP（limited partner，有限合伙人）。

设置有限合伙平台后，首要考虑 GP 的选择，既要掌握控制权，又需建立防火墙。通常由拟上市公司高管或其他与实际控制人关系密切的人员担任普通合伙人，有限合伙人才是激励对象。如果公司实际控制人（以下简称实控人）作为 GP，合伙企业会受到上市后股权锁定的诸多限制（36 个月）。

LP 仅作为出资方和收益方角色存在，持股平台扩展了拟上市公司特定员工群体的预期收益。GP 设 1 人，LP49 人封顶，当激励对象名单较长时，还可以通过设立多个有限合伙企业满足扩大覆盖激励对象的需求。不过，上市公司要求穿透后的股东数不超过 200 人。

（二）获股方式

员工持股平台的获股方式主要为股份转让和增资扩股两种。不管持股平台通过受让还是增资方式获股，都需要召开公司股东大会，形成和签署决议，并修改公司章程，确保持股平台设立的立项、员工股权激励计划获得法律程序层面的保障。除此之外，还需签订股份转让协议或增资协议。

拟上市公司业务重组后的股权架构，其中以员工持股平台持股不超过10%为妥，引进投资人的持股比例通常为5%~10%。

以增资方式为例，获股的基本程序：成立员工持股平台→定向增资（向特定拟上市公司增资）→持股平台认购出资→上市前缴足认购份额资本金→派发收益→合伙人按照考核约定分享收益→转让合伙份额或退伙→解散清算。

（三）定价方式

定价在股权激励计划中是一个相当重要的环节，员工持股平台以何种价格获股，既面临着启动行权时的税负问题，也面临着个人激励力度问题。

定价过高，员工购股或行权意愿消极；定价过低，则会形成员工税负压力和上市规则合规性风险。

根据公司净资产或投资人投资价或注册资本原值方式定价，乃拟上市公司的通行做法。在实操方面，如果近期有融资行为的，优先依照投资人投资价定价；其次依据公司净资产值定价（授予时点）。

拟上市公司可根据计划增资后股本总额，设置股份总数，按照股数配给员工持股平台，同时检视增资的每股定价不低于每股净资产。

（四）收益分配

关于收益分配，分红周期虽无明确约定，但出于激励考量可按年度派发收益，特殊年份除外。另外要提的是，如果持股平台为有限合伙企业，关于有限合伙人的利润分配既可遵循出资比例分配，也可根据考核结果约定规则分配。

有限合伙平台的收益分配基本程序：获取投资收益→独立审计确认收益→派发收益、代扣代缴税费。对于存在限制条款的有限合伙人，在合伙份额未解禁前，按照合伙协议约定处理。

三、期权

期权属于一种以约定价、有条件行权的未来选择权，股权激励的未来兑现。有机会获得期权激励的员工，同样需要在上市 IPO 前公开披露详细信息。如果在上市前已行权完毕，则披露股权激励计划中的股东名单或合伙人名单即可。

（一）等待期

由于设定了可行权日，自然就会产生等待期的概念。自授予日始至首次可行权日止被称为等待期。股权激励对象需要满足约定的业绩和连续服务时长，才能进入行权期。

拟上市公司不妨与期权激励对象约定进出规则、业绩指标、行权价格、行权时点、行权有效期等。能否行权，取决于业绩指标、时间门槛条件是否同时满足。期权的等待期一般为 1~3 年，中途离职则失去行权权益。

一次性授予和一次性行权，简单实用，激励直接。

对于业绩急切爬坡的拟上市公司，一次性授予和一次性行权，激励效用明显；对于业绩稳定成熟的拟上市公司，反而采用一次授予和多次行权方式更为恰当。可设置 2~3 次行权机会，每次间隔 1 年以上或加速缩短时间行权，激励份额逐步增加。对于股权激励计划有效期为 10 年的，等待期不超过 5 年，中间多次行权；对于股权激励计划有效期为 5 年的，等待期不超过 2 年，中间多次行权。多次行权的，以加速递增行权为妥。

（二）行权期

在约定的时间内满足行权条件后，自允许行权的第一日算起到失效日止，此段时间视为行权期。股权激励对象根据自身条件及利益性价比评估，选择行权，出资购股或出资取得合伙份额，当然也可以选择放弃行权。

（三）锁定期

除了等待期、行权期，还可提前在合伙协议中设置锁定期条款，禁止有限合伙人在利益驱动下发生主动转让/退伙的短期投机行为，锁定条款如"行权后若获得合伙份额，在上市前后一定期限内（须明确时间）禁止主动转让和退伙"。

事实上锁定权益是等待期的变相延续，但无业绩要求，仅从时间延长方面继续捆绑股权激励对象。

通常会在股权激励协议中约定持股平台的股份或合伙份额不允许向外转售，只能内部转让或由持股平台回购。拟上市公司股权激励对象在协议承诺的服务期内主动选择离职，视为自动放弃股权激励权益，持股平台顶多以出资价回购。上市后则根据上市规则处理回购价，同时加大禁售期杠杆。

（四）解锁期

解锁期内，属于股权激励对象的自由交易时段，可以一次性转让完毕所持股份或份额。但如果在解锁期内设置了分批解锁条款，那么股权激励对象分数次才能转让完毕所持股份或份额。解锁期是股权激励存续期的最后一个阶段，限期内执行完毕股权激励计划，否则超期作废。超期即指股权激励计划有效期结束后的任一时间。上市公司的股权激励计划的存续期5~10年不等，非上市公司的股权激励计划不设限制，实操上一般根据上市计划节点处理。

第二节 员工股权激励计划设计中的实操问题

一、员工股权激励的深层动机探讨

非上市公司推行员工股权激励计划，各怀目的。或者基于融资目的，尽可能将融资外衣穿戴得好看一些；或者机会主义，将一部分骨干捆绑在一起，鼓励持续为公司效力，所谓的股权激励计划要么画饼充饥，要么微不足道；已制定上市计划的拟上市公司，对于股权激励对象相对靠谱一些，但若设置行权条件、回购价格等过于苛刻，也会失去激励意义。

上市公司推行员工股权激励计划，有避税套现、稳定和激励核心团队两种可能。机会主义者将包括有限合作平台在内的股权激励计划视为个人收入避税的工具，反复打擦边球，避税套现过于激进，从而引发证监会、交易所的警觉和关注，会让税收政策越来越严、越来越细，导致员工股权激励政策的弹性越来越小。

员工作为股权激励对象，一般渴望直接持股，诉求最大获益方式；公司作为鼓励激励主导方，在实控人心中也有明确的意图。当实控人意图与员工期待错位较大时，股权激励的预期效果不会好。

二、股权激励对象失当及固化带来的困扰

围绕核心人才丰富激励形式，而股权激励就是一种很好的激励方式。在理性和情感的天平下，相当多的创始人处理不好，最好落得不欢而散，或者经营每况愈下。有些创始人从情感上倾向于选择忠诚的、服从领导安排的员工作为股权激励对象，而对于虽有能力或业绩、但很有个性的员工心生排斥；有些创始人将优先择贤择才（选择职业品格良好和才能出众的员工）作为首批激励对象，但在实操中却会失去辨别尺度，错误地遴选一批员工；还有些创始人极其理性择绩择才（选择业绩担当和才能出众的员工）作为股权激励对象，却在后续的经营管理中遭到了忠诚但能力欠缺的老员工的花式行为阻挠，公司团队日益撕裂；也有些创始人各类员工兼顾，优先考虑提高业务能力强、业绩良好的员工持股比例或份额，但对于后续入职的员工却因股权激励份额预留不足等因素难以将其追加为股权激励对象。

股权激励对象选择标准、平衡和动态变化问题不解决，股权激励计划实施后就会事倍功半。

三、股权激励计划对股权模糊化的实操风险

股权激励计划中,允许设置考核机制。考核条件过多过杂,会出现两种情况:对于等待期结束、进入行权期的条件满足界定将可能产生认定的争议;对于带着期权激励计划上市的公司,股权的清晰度变得模糊,不容辨识和判定。业绩考核指标杂多,势必影响证监会等机构对拟上市公司股权清晰度的判断。

曾从国企改制为股份制的公司或私人企业,在上市前重新股改,同样面临关于股权清晰度、股权转让合理性等方面的关注和问询。内地大多数上市板块要求上市前完成行权,必须做到股权清晰。后期有可能随着科创板的创新举措,以及对创新企业的包容,逐步宽容"带着各种股权激励计划上市"的行为。

部分企业在未考虑上市的某一时段,实施了股份代持、不规范的虚拟股份等股权激励计划,当计划上市时会发现不得不摘除这些"股权激励的雷"。倘若仍报以侥幸心理冲击上市,真若成功上市,后续这些雷带来的隐患会越来越大,直到有一天砰然爆炸。

四、公司控制权弱化风险评估

对于直接在拟上市公司持股的员工股权激励计划,一定存在控制权弱化的可能,除非签订一致行动人协议,或者同股不同权。另外,有些公司坚持不上市,或有基于控制权的考虑。一旦引进投资人,签署业绩对赌、上市里程碑对赌协议,当结果不好时,资本的嗜血本性必然暴露无遗。

通过有限公司间接持股目标公司,对于股权分散的目标公司,需持股5%以上,对目标公司具有一定的影响力。以公司平台间接持股,该持股平台仍需要设置董监高(董事监事高管),参股的员工属于股东,理论上享有股权的完整权益。因此,间接持股的股东对于目标公司的经营管理仍能施加影响。

通过有限合伙企业或资管计划间接持股，主要是财务投资人身份，对于目标公司的经营管理发言权微弱，只能通过转让、撤资等行为表达个人态度。这种间接持股方式对公司把握控制权而言，是最安全的。

五、关于股份总数、股本总额、定价的设计问题

股份数、股本额、每股定价等概念及设计，理应属于金融证券从业者、财务投资从业者的思考领域。倘若金融、财务、股权等知识结构存在缺陷，设计者很难把握股权激励设计的科学性。

每家公司的股份总数看起来似乎可以天马行空地设置，实际上却受注册资本金、公司净资产值的制约。股份总数 100 亿股，注册资本金 1 亿元、公司净资产 2 亿元，计算得每股 1 分钱，每股净资产 2 分钱，可行吗？

六、入伙、锁定、解锁、退伙系列操作问题

顶层设计必须先小人后君子，即便人性假设为善意出发点，也应先止恶。任何企图用道德约束内心欲望和行动的顶层设计思想，都是幼稚的。人类在共患难、共患贫时期彰显的是人性光辉的一面，在争抢资源、独自享福时段暴露的是人性丑恶的一面。其实光辉与丑陋，是人为赋予的褒义或贬义，无论如何人性的自私、贪婪、善爱都存在着，甚至在同一人身上混合存在着。

未能提前约定新增入伙人员的决定方式，有可能必须获得全体合伙人一致同意才能新增股权激励对象；不设锁定期，员工行权后不排除加速套现，加速释放人性的贪婪一面；没有股权转让、合伙退伙细则，股权转让、退伙退得扯皮，各自争取利益最大化，曾经一家人也可能变成互相憎恨的敌人。

七、股权激励计划在上市前后的衔接问题

上市前的员工股权激励计划受到的法规约束条件少很多，方案或协议比

较灵活。上市后的员工股权激励计划受到证监会、上海/深圳/香港证券交易所上市及交易规则等系列规范约束。若割裂式设计，拟上市公司的股权激励计划在上市前后有可能不被上市规范认可，面临整改或延迟上市时间的情形。譬如有些公司采取向员工融资入股举措，但在工商登记、公司章程等方面均无体现，自然不合上市规则，此时需要妥善"清退"。

根据内地证监会关于员工持股计划和期权激励的指引、香港主板关于上市规则中股份计划说明等文件，内地对创新类企业的员工持股激励计划持开放态度，且允许上市前的期权激励在上市后延续有效，香港对于期权激励同样允许延续到上市后。上市前期权激励措施在上市后继续有效的前提是符合上市规则，且全面披露员工持股计划详情。内地主板要求上市前的股权激励计划需在上市前行权完毕，保证股权清晰。

第三节 搭建有限合伙平台实施期权激励

员工股权激励很多种，持股平台也有多种选择，那么为何建议搭建有限合伙平台呢？从公司管理角度考虑，有限合伙人身份角色再单纯不过，行权前无所有权、收益权、转让权，行权前后皆无投票权，解锁、转让、退伙事项等均可以在协议中一一清晰约定，且有 GP 执行合伙事务，无须董监高等设置；从员工税负角度考虑，公司制会面临企业所得和个人所得双重税负，而有限合伙人的分红、转让收益只需缴纳个人所得税，这也是非常重要的考量。

在有限合伙平台上实施期权激励，鼓励业绩表现优秀或高潜能核心人才通过持续服务和达成业绩目标以获得行权资格，"让一部分人有机会先富起来"，成为公司股东或合伙人。期权激励计划，能够解除创始人股东的"员工躺着挣钱、日渐懈怠风险"之担忧。期权激励至少能推动核心团队继续保持奋斗精神，让市场和业绩说话。没有一份报酬是不劳而获的，如果能够不劳而获，要么是运气所致，要么是资源垄断或特殊资源因素。期权激励还能清晰保留雇主与雇员的本质关系雇员付出努力输出成果才能获取更多报酬。员工股权激励说到底还是一种报酬——目标制报酬。

第三章
员工股权激励研究

一、明确员工股权激励的初衷

员工股权激励若为融资目的服务，还不如成立基金公司直接鼓动员工购买基金理财，或洽谈引进投资人。关于员工股权激励的力度，以最保守的方式来测定一个力度临界值，股权激励性不应低于银行定期存款利息。在设置行权条件、回购价格等方面合理，让员工算得清账，感到不亏；同时也需约定非理性的离职或业绩不达标等情况下的激励衰减规则。

持续保有和激励核心人才团队，应成为实施员工股权激励计划的主要初衷。在采纳哪一种持股平台方面，不必过于考虑员工的理想诉求，但需顾及员工的最低诉求（至少还能接受的方式），确保创始人意图与员工意图有交叉重叠的部分。由于实控人的意图占据主动优势，所以员工股权激励计划应主动释放善意，激发员工购股或获取合伙人身份的积极性。大处释放善意，具体措施不忘"先小人后君子"，堵住各种可能的重要漏洞。

二、关于有限合伙平台期权激励对象的思考

只要激励措施有一定诱惑性，大多数人都有意愿成为被激励对象。设置激励对象入选资格门槛，有利于降低员工的不合理预期。在期权激励对象的选择方面，个人在职岗位价值、个人稳定性、个体能力素质、组织及个人绩效表现、个人突出贡献情况都可纳入基本的衡量维度，期权激励的选择对象一定是所任职岗位责任大、能力胜任、绩效优秀、持续服务意愿强的员工，从核心人才群体中优选。

（一）期权激励对象的选择原则

（1）履职时间：3年或5年以上司龄（同时满足条件）；
（2）对公司经营发展有决策权或参与决策权（"或"条件）；
（3）掌握公司主要产品的核心技术或具备其他重要职能方面的专业研究水平（"或"条件）；

（4）对项目/门店经营单位的日常经营管理承担第一责任（"或"条件）；

（5）承担组织绩效（"或"条件）；

（6）曾有过突出贡献（"或"条件）；

（7）当有人数限制时，分批激励。

（二）期权激励对象群体范围、具体依据

股权激励的对象是核心人才，目的为"结成利益联盟、留住持股群体、激发持股群体的事业激情"。首先，拟上市公司的董监高，原则上应纳入激励范围；其次为核心技术骨干（如CTO、技术研发总监、产品设计总监等）、少量的职能方面的专家级人才（如注册会计师、注册税务师、注册金融分析师、政策研究/投资分析/管理研究专家等）；再次为各级业务管理骨干（如专业公司总经理、区域/城市公司总经理、项目总监、项目经理、店长）。原则上在拟上市公司任职3年以上，如其他条件达标且相对优秀（绩效/技术能力），司龄可适当放宽。除此之外，还可以考虑总部中层管理团队（如部门管理总监岗、专业总监岗），以及其他曾为公司做出突出贡献的员工。过硬的职业操守同司龄一样，应成为期权激励对象选择的标准之一。详见表3-1《期权激励对象选择标准一览表》。

有限合伙平台的人数限制（1个平台上限为50人）会影响激励对象群体的选择。应先统计高级管理人员、技术骨干、各级业务管理人员、中层管理团队各自人数，以及公司职员总人数，评估公司主要管理团队及技术人才规模。若人数规模超过100人，公司需制定分批分期策略。第一批期权激励对象应包括拟上市公司的董监高（当然独立董事不在其内），主要核心技术骨干、少量的职能方面的专家级人才，还有子公司总经理、区域公司总经理；第二批激励对象须首先包括项目总监、项目经理、店长等各级业务管理骨干，其次可包括总部中层管理团队等。设置门槛条件分批筛选，即可出炉激励对象候选人名单。候选人名单模板见表3-2《期权激励对象候选人名单一览表》。

第三章
员工股权激励研究

表 3-1　　　　　　　　　期权激励对象选择标准一览表

期权激励对象范围—优先级	具体依据	一票否决判断条件
拟上市公司的董监高	任职3年以上（可适当放宽）； 历年绩效结果为良好（如业绩达成率≥85%）； 过硬的职业操守	a. 在任何一家公司任职期间存在廉洁问题且已查实的人选； b. 在公司任职期间发生主观过错性劳动纠纷的人选； c. 就公司事宜，曾在公共媒体面前进行负面发言或发表负面评论，且被其他媒体广泛报道的人选
核心技术骨干	任职3年以上（可适当放宽）； 技术能力突出或具有不可替代性； 过硬的职业操守	
职能方面的专家级人才	任职3年以上（可适当放宽）； 专业总监级及以上人才； 持有上市板块所需的注册会计师、注册税务、注册金融分析师的某一证书（"或"条件）； 输出过质量较高的政策研究报告、投资分析报告、管理研究报告的某一种（"或"条件）； 过硬的职业操守	
经营单位管理骨干A	任职3年以上（可适当放宽）； 专业公司或区域/城市公司总经理； 历年绩效结果为良好（如业绩达成率≥85%）； 过硬的职业操守	
期权激励对象—次优级	具体依据	
经营单位管理骨干B	任职3年以上； 项目总监、项目经理、店长职位； 历年绩效结果为良好（如业绩达成率≥85%）； 过硬的职业操守	
总部中层管理团队	任职3年以上； 部门管理总监或专业总监职位； 历年绩效结果为良好（如业绩达成率≥85%）； 过硬的职业操守	
规模体量子公司的主要管理人员	任职3年以上； 该子公司营收占公司总营收的1/3以上； 业务部门总监或以上职位； 历年绩效结果为良好（如业绩达成率≥85%）； 过硬的职业操守	

表 3-2　　　　　期权激励对象候选人名单一览表（模板）

姓名	职务	司龄	历年绩效结果 （最近三年）	持证 （金融/财税类）	研究分析报告/ 知识产权成果

三、把握期权行权时点的选择

若在香港主板上市，则无须考虑上市前的行权时点安排，可以披露股权激励计划详细信息，在上市后行权。从一般操作角度看，计划 2~3 年后上市，那么设置 1 年或 2 年为等待期，在上市前全部行权完毕；计划 1 年内上市，那么设置 2 年或 3 年为等待期也未尝不可，上市后再行权。等待期的长短，与股权激励计划的有效期（存续周期）相关。

若在内地主板上市，上市前全部行权完毕。期权授予日距离上市不足一年的，可以根据期权激励协议约定加速行权或终止行权。

有限合伙协议约定等待期的基本条件：以股权激励计划有效期 10 年为例，自最近一次入职日起连续服务 3 年或 5 年，或自授予日起连续服务 2 年或 3 年（但连续服务年限要求不超过第一次行权日），核心业绩指标达标。两者同时满足后，从等待期进入行权期。行权期的时长由公司评估确定，可设为 3 个月，自首次行权日算起，达到行权条件但 3 个月内未行权的，行权权益自动失效，中途离职同样自动失去行权权益。对于高级管理人员，大胆设置多次行权机会。假定股权激励计划有效期为 10 年，等待期为 3 年，第一年、第二年、第三年分别行权一次，激励份额加速递增。

有限合伙协议中将高级管理人员的锁定期约定为两年，其他股权激励对象的锁定期约定为一年，行权后获得的合伙份额，解锁后可内部转让或由有限合伙平台作价回购。行权后锁定期内中途离职，以不高于原出资价格回购；若由于客观因素（死亡/失去劳动能力）不能正常履职，发生在上市前的,合伙协议约定持股平台以"原出资价+资金利息"作价方式回购,发生在上市后的,合伙协议约定持股平台以解除劳动关系日收市价回购;解锁后中途离职,离职前有权内部转让合伙份额,或合伙协议约定持股平台以每股市场价的100%比例收购。

四、关注核心指标,简化考核机制

仍以股权激励计划有效期10年为例:

对于高级管理人员,约定在高级管理者岗位上连续服务3年,公司若与之签订第一年公司净利润增长率≥15%,达标释放一定比例的合伙份额;第二年公司净利润增长率≥20%,达标增加释放一定比例的合伙份额;第三年公司净利润复合增长率≥20%(近三年),达标继续增加释放一定比例的合伙份额。

对于核心技术骨干,除了约定连续服务期外,公司与之签订《年度技术专利与项目成果计划书》,约定技术专利、技术开发和项目产品输出成果目标,等待期为2年或3年。并设计突破性技术贡献加分项。

对于业务管理骨干,约定同等的连续服务期,公司与之签订《核心经营管理指标责任状》,以不超过3个财务和关键管理主题指标的综合业绩指标作为考核条件,等待期为2年或3年。并设计突破性经营管理贡献加分项。

对于总部中层管理团队,公司与之签订《核心管理指标责任状》,约定同等的连续服务期,以不超过6个指标的关键管理主题和专项工作成果指标作为考核条件,等待期为2年或3年。并设计突破性管理贡献加分项。

当然,关于业绩条件也可以全部以财务指标为准,达标则行权,不达标则无行权资格。

上述股权激励对象的考核标准,见表3-3所列的绩效考核规则。

表 3–3　　　　　　　　　　　绩效考核规则

考核对象	等待期考核内容及标准
高级管理人员	财务指标 第一年：公司净利润增长率≥15%； 第二年：公司净利润增长率≥20%； 第三年：公司净利润复合增长率≥20%（近三年） 或： 第一年：同口径统计，公司净利润增长率≥15%，当期利润目标完成率≥85%； 第二年：公司净利润增长率≥20%，当期利润目标完成率≥85%，且剔除内部项目接管/签单因素后的净利润额不低于＿＿＿＿＿万元； 第三年：公司净利润复合增长率≥20%（近三年），最近三个会计年度利润目标完成率≥90%，且剔除内部项目接管/签单因素后的三年累计净利润额不低于＿＿＿＿＿万元，三年内累计外部市场拓展面积不低于＿＿＿＿平方米
核心技术骨干	签订《年度技术专利与项目成果计划书》，约定技术专利、技术开发和项目产品输出成果目标，综合目标达成率≥85%
业务管理骨干	签订《核心经营管理指标责任状》，以不超过 3 个财务和关键管理主题指标的综合业绩指标作为考核条件，综合指标达成率≥85%，且净利润指标达成率≥90%
总部中层管理团队	签订《核心管理指标责任状》，以不超过 6 个指标的关键管理主题和专项工作成果指标作为考核条件，综合指标达成率≥85%

注：表中所列数值，均为示例。

高级管理人员由薪酬与考核委员会考核；其他股权激励对象由考核小组考核。上述等待期考核以一个会计年度或多个会计年度为周期，会计年度可以为自然年，根据约定指标验收结果，结合连续服务年限判定是否达到行权条件。

五、坚定把握公司控制权

以有限合伙平台间接持股，实控人对于控制权的安全系数很高。后续可以陆续增设有限合伙平台，以增加有限合伙人数。但是，有限合伙平台在股权穿透过程中，其中的每一个合伙人有可能均被视为"股东"，而拟上市公司只有200人的封顶数。因此在上市后可以采用资管计划方式扩大股权激励对象范围。资管计划中的投资人，更是财务投资人身份，基本不涉及对公司管理控制权的影响。

六、中规中矩设定股本总额、股份总数

期权池的大小，要看拟上市公司的股本总额，股本规模大、员工持股比例反而小，一般以拟上市公司股权的5%~10%为宜。

以注册资本作为公司股本总额，假如注册资本1亿元，净资产值1亿元，设定为1亿股股份总数，那么每股定价1元，每股净资产值也为1元；假如注册资本2亿元，净资产值1亿元，设定为1亿股股份总数，那么每股定价2元，每股净资产值1元。关于注册资本金增资、确定股本总额、股份总数、每股定价、员工股权激励计划等事宜，需要遵循公司章程召开董事会或股东大会，决议通过方有效。其中公司净资产值，原则上需要会计师事务所审计确认的。

若在香港上市，境内设立有限合伙企业或境外设立投资管理合伙企业，事实上是一样的，均视为员工持股平台，对应持有境内运营实体股份。

七、增资定价应撬动人性，保证激励效果

增资定价，最怕定价偏差太大，导致税负成本或员工激励问题。拟上市公司可采取以计划增资后的注册资本作为公司股本总额、股份总数。若公司净资产值高于股本总额，按净资产值除以股份总数结果作为每股定价，公式表述为：净资产值/股份总数＝每股定价；若公司净资产值低于股本总额，按股本总额除以股份总数结果作为每股定价，股本总额/股份总数＝每股定价。近期无引进投资人融资行为的，上述公式适用。

按面值1元/股的拟定价策略增资，在实操方面员工容易理解，而根据公司净资产值调校每股定价，也在情理之中。

仍以注册资本1亿元，净资产值2亿元为例，假设10亿股数，每股1角钱，低于每股净资产值，相当于员工以低价购入股份，事实产生股份费

用。定价低,假定每人获得股数可观,员工总体会积极购股,但要考虑税负成本;假定每人获得股数很少,还要承担税负成本,员工积极性必然降低。定价过低,除了税负成本因素,公司财务数据或受影响,任何明显偏离公允价值的重大交易,都会受到证监会的关注。

当拟上市公司估值已经非常成熟时,以市场估值定价也未尝不可,最好有投资人投资价作为参考依据,否则跟员工简单宣导估值定价会遭遇理解认同难题。当公司估值超出同行已上市公司平均市盈率时,员工购股等于高价买进。

增资定价受股本总额、股份总数、净资产值大小的影响,股份总数可以自行拟定,见表3-4。

表3-4 股本总额、股份总数、增资定价关系表

股本总额	股份总数	净资产值	增资定价(每股定价)
计划注册资本(增资后)	可与注册资本数字保持一致	经会计师事务所审计确认	公司净资产值高于股本总额: 净资产值/股份总数=每股定价
			公司净资产值低于股本总额: 股本总额/股份总数=每股定价

八、"进入/退出"有限合伙平台基本规则

如何简化新增有限合伙人的程序?不同时段的中途离职,所持份额如何处理?解锁期后转让/回购处理方式?这些实操问题(见表3-5)不在设计方案中予以明确,后续会产生争议。

表3-5 有限合伙平台入伙、转让、退伙、散伙规则

行为	基本规则
新增入伙	是否新增有限合伙人由普通合伙人决定,若同意新增,应签订入伙协议
等待期	计划1年内上市,设置1年为等待期;计划2~3年后上市,设置2年或3年为等待期。若在内地主板上市,上市前全部行权完毕

第三章 员工股权激励研究

续表

行为	基本规则
连续服务期限	自最近一次入职日起连续服务3年或5年，或自授予日起连续服务2年或3年（但连续服务年限要求不超过第一次行权日）。若有限合伙企业存续期计划只有5年，连续服务时长不应超过2年
行权	业绩指标、服务期限均满足条件，可自第一次行权日起行权；任一条件未满足，则无行权资格。行权期结束尚未行权，视同放弃行权权益。行权期设可为3个月（上市前须行权完毕）； 假定股权激励计划有效期为10年，上市后等待期为3年，设定3年业绩指标（第一年目标基础额，第二三年增长率），允许高级管理人员第一年、第二年、第三年分别行权一次，激励份额逐步增加。其他股权激励对象可一次性行权。对于内地主板企业，拟上市前的股权激励计划需要在上市前行权完毕
锁定期	对高级管理人员的锁定期为2年；对其他股权激励对象的锁定期为1年。若高级管理人员的等待期为3年，锁定期为2年，那么适用于10年存续期的有限合伙平台。若上市前已行权，一般在上市后第一年或两年内（自上市日起）为锁定期。若锁定期低于上市规则要求的，以上市规则为准
解锁期	解锁期内允许内部有限合伙人之间自由转让合伙份额，可一次性亦可分批转让
转让	行权后锁定期禁止转让，解锁期仅允许向有限合伙企业的合伙人、股权激励计划名单内的员工转让
退伙	等待期离职，自动失去行权资格
	行权期离职，未行权视同放弃行权权益
	锁定期友好离职（约定延后离职日），由持股平台按"原出资价格+相应年份存款利息"回购，回购价不高于离职日收市价
	锁定期强行离职（未协商一致，属于违背服务期限约定离职），由持股平台按"原出资价格"回购，回购价不高于离职日收市价
	解锁期离职退伙，由持股平台按离职日收市价回购
	解锁期在职退伙，由持股平台按离职日收市价回购
	员工由于客观因素（死亡/失去劳动能力）不能正常履职的，参照等待期、行权期、锁定期、解锁期不同阶段的离职退伙处理规则，发生在上市前的，回购价原则上不低于"原出资价+资金利息"
	员工由于主观因素（贪污腐败/违反保密协议造成重大影响/触犯刑法失去人身自由）不能正常履职：锁定期由持股平台按不高于原出资价的80%回购该合伙人所持份额，在回购前需核减当事人给公司造成的直接经济损失；解锁期由持股平台按不高于原出资价回购其所持有的合伙份额，在回购前需核减当事人给公司造成的直接经济损失

59

续表

行为	基本规则
散伙	由会计师事务所审计确认有限合伙企业剩余权益，散伙清算
存续期	本有限合伙企业为员工股权激励而设立，存续期5~10年，到期散伙

以上基本规则需要在合伙协议中明确约定。

九、股权激励计划合规衔接上市前后阶段

上市前设计股权激励计划时应考虑后续上市规则的有效衔接，确保合法合规。证监会及各地证券交易所上市规则对员工股权激励计划的法规约束条件有所不同。员工持股平台持股比例10%以内为宜，对于有限合伙人的授予份额（包括期权）不超过股本总额的1%。另外，对于在拟上市公司持股5%以上的股东，不能纳入股权激励对象。普通合伙人需要预留一定比例（如20%）的激励份额，在上市前一年释放出去。内地主板、港股都允许有等待期，后者只是略宽松，等待期设为一年以上总不会错。科创板要求员工持股计划锁定期不低于36个月（自上市之日计算），才被认定为"完全闭环"。

特别需要注意的是，在内地主板上市就得保证上市前期权激励行权完毕，如果行权时点与上市时点冲突，只有采取加速行权或终止行权措施；港股允许上市前详细披露的合乎上市规则的期权激励计划延续到上市后行权。

上市后，上市公司亦可增发收购有限合伙企业所持上市公司的股份，以股票对价支付收购款。

第四节 拟上市公司员工股权激励方案主要内容构成

——以有限合伙平台为载体

制定员工股权激励方案，是实施员工股权激励计划的前提。以有限合伙平台载体的员工股权激励计划，主要包括背景说明、目的、政策依据、员工

持股平台选择——有限合伙企业、期权激励说明、期权激励对象选择、有限合伙协议主要约定事项、增资定价方式、收益分配说明等内容，核心内容为期权激励对象、有限合伙协议主要约定事项、增资定价方式。它既是一个设计方案，也是一个配套有激励对象名单、合伙协议、考核方案的实施方案（见表3-6）。

表3-6　　　　　员工股权激励方案组成要素表

内容构成要素		内容要点	
序号	关键词	序号	条目说明
一	背景说明		
二	员工股权激励目的		
三	政策依据		
四	员工持股平台——有限合伙企业	（一）	员工股权激励载体：有限合伙企业
		（二）	普通合伙人与有限合伙人
		（三）	持股平台获股方式、激励资金来源
		（四）	员工持股平台管理机构
五	有限合伙企业的期权激励方式	（一）	等待期说明
		（二）	行权期说明
		（三）	锁定期说明
		（四）	解锁期说明
六	期权激励对象	（一）	选择原则
		（二）	选择标准
		（三）	候选人名单
七	有限合伙协议主要约定事项	（一）	新增入伙规则
		（二）	考核标准 考核方案
		（三）	连续服务约定
		（四）	行权规则
		（五）	锁定规则
		（六）	解锁规则

续表

内容构成要素		内容要点	
序号	关键词	序号	条目说明
七	有限合伙协议主要约定事项	（七）	转让规则
		（八）	退伙规则
		（九）	散伙规则
		（十）	股权激励存续期约定
		（十一）	合伙协议基本约定汇总表
		（十二）	有限合伙协议文件
八	增资定价方式	（一）	股本总额
		（二）	股份总数
		（三）	每股定价
		（四）	公司净资产审计报告
九	收益分配说明		
十	特别注意事项	股权激励计划在上市前后的衔接	
十一	主要术语定义		
附录	附一：期权激励对象候选人名单 附二：有限合伙协议 附三：考核方案 附四：公司净资产审计报告		

第五节　有限合伙平台期权激励的价值评估

一、有限合伙平台期权激励的现实意义

随着中国经济的持续发展和金融市场的逐步繁荣，各行各业大公司、中小企业纷纷登陆资本市场，涌现出一批批的拟上市公司和上市公司，有限合伙企业作为管理简便、税负可控的员工持股平台，自然受到广泛的欢迎。即便暂无上市计划，对于拥有一定营收规模和团队数量的公司，仍然有员工股

权激励需求。

期权激励计划作为股权激励的一种，以股权或合伙份额为杠杆，刺激员工连续履职通过自身能力及资源的投入实现阶段性目标，从而获取报酬，由于深入切中了员工激励的本质，首先深得创始人的偏爱，其次核心团队也不排斥，部分满足了包括高级管理人员在内的核心人才的利益诉求和身份归属需求。因此，期权的生命力处于旺盛发展期。"有限合伙平台＋期权激励"，不失为一种兼顾雇主与雇员各方诉求的员工股权激励解决方案。

除了上述保留和激励核心团队作用外，有限合伙平台期权激励方式还能缓解固定薪酬成本增长过快的压力，将公司利益与员工利益深度捆绑，让员工关注和适度焦虑于公司的经营发展能力及财务结果。

二、有限合伙平台期权激励的隐忧

有限合伙企业的合伙人封顶50人，若股权激励对象大批量超过50人，就得重复设立有限合伙企业。对于有限合伙平台股东人数的认定，并非所有上市板块表现得友好。绝大多数板块通常穿透辨识股东人数，将所有合伙人按人头计入股东人数。科创板在有所保留条件的前提下，谨慎地把员工持股平台整体认定为1个股东。

普通合伙人可以是自然人，也可以是公司（部分如国企、上市公司等除外），但不能是社会团体。创始人股东自行担任，员工持股平台会被视为创始人实质控制的企业；由公司高级管理人员担任，如科创板等又会对员工持股平台有一个较长的锁定期，还有合作风险、管理控制、利益分配问题。如果由公司担任普通合伙人，则将该公司视作"法人"，"法人"须以公司全部资产承担无限责任，不受该公司的注册资本限制。华为及部分国企的职工持股会或工会作为员工持股平台形式，属历史因素和法规不健全原因造成，仅为个案。如果现在以工会的名义持股，在法律层面上过不了关，证监会也已明确表态不受理此类公司上市申请。关于普通合伙人的选择，创始人有时会比较伤脑筋。如若选择不当，恐留下诸多后遗症。

部分上市公司利用有限合伙平台用力过猛的避税或套现行为，已经引发证监会及各上市板块的警觉，各种严规陆续出台，一方面尝试放宽对员工股权激励计划的限制，一方面对税务处理及普通合伙人的限制似乎更加严苛。普通合伙人为拟上市/上市公司实际控制人的，锁定期按照上市规则处理，其中科创板要求公司未盈利前董监高及核心技术人员控制的员工持股平台自上市之日起3年内不得减持套现。由此可见，科创板对于上市公司的员工持股平台锁定期规限，还是比较严格的。

总之，有限合伙平台并非万能，它只是股权激励计划的一种承载形式。

关于期权激励，越来越多的高级管理人员在对公司前景、考核标准及具体考核方案理性评估后，预期热情会降下来。花费宝贵的青春时间和精力去争取未来收益，拿得那么辛苦，在行权期间发现行权的性价比不高或不值得更多付出，极有可能直接选择放弃行权。期权激励的初衷如果一开始就动机不纯，股权激励对象很快会发现各方诉求存在结构性矛盾，几无交集，拒绝参与或消极参与期权激励计划，对于雇主和雇员，显然是双输的局面。

术语解释：

员工股权激励：企业为留住和激励核心人才的采取的深层利益激励方式，有条件给予员工股部分股东权益。

员工持股平台：为实施员工持股计划而设立的间接持股平台。

资管计划：由证券公司或基金公司募集客户资金或接受客户财产委托管理，通过投资理财服务为客户赚取收益。

穿透：通过工商信息查询，层层追溯呈现企业的股权架构、实际控制人，了解最终投资人（含合伙人）的数量、股权、控制权，以及各种潜在风险。

实际控制人：遵照公司法等相关法律法规，通过投资关系、协议控制或其他方式，实际掌控公司的自然人、股东、法人或其他组织。

实股：工商注册股。

虚拟股：公司授予激励对象的非完整股权的虚拟股票或股份，没有工商注册，主要用以分红激励。

股票：登陆资本市场的股份公司为募集资金而为股东登记发放的持股凭证。

有限合伙：由 GP 和 LP 组成，有限合伙人对合伙企业承担有限责任。

期权：明确标的物，事先约定购买价格和行权日期的选择性的行权权利。

授予日：股权激励协议获批的日期。

定价：为了购买或出售标的物而依据一定公式或规则确定的交易价格。

行权：达到行权条件后，根据期权协议约定，行权人行使权利。

核心人才：创造价值高同时市场稀缺性人才，他们为企业提供远超出普通员工的贡献，阶段性难以替代。核心人才一般位居关键岗位。

高级管理人员：指公司总经理、财务负责人、副总经理、董事会秘书，宽泛意义上还扩展包括公司一级部门负责人。

技术骨干：掌握核心技术、为公司带来技术研发或产品设计成果的技术岗位人才。

中层管理团队：在组织架构及汇报关系上承上启下的中间层管理团队，承担组织绩效责任、落实决策和执行部署任务的职能。

中高层管理岗：公司总经理、财务负责人、副总经理、董事会秘书、一级部门负责人、各级业务管理骨干（承担组织绩效）、管理总监。

CTO：Chief Technology Officer，首席技术官。

股份总数：公司股份数量总和。

股本总额：股票面值总额，或股份总金额。

净利润复合增长率：净利润在一定时间段的年度增长率（如 3 年或 5 年）。

第三篇
人才发展研究与实践

第四章

四种基本性格分析研究

性格是复杂多样的，但可以大致分类。那么，如何划分性格大类、如何对基本性格判定、如何扩展性格判定结果的应用？经初步研究探索，可将人的基本性格归为敛、伪、直、懦四种，然后对具体的人相面定格解析，从而纳入职场性格管理。

本章在对人的性格研究的基础上，尝试绘制了基本性格图谱，表达为"四域五阶十五级"。人的性格不止一域一格，具有多面性，会同时在不同域的某个不同阶、级中定格呈现。人之性格有显性和隐性之分，显性性格指基本性格在某个或多个域中的呈现"易为人所知、亦易自知"，隐性性格则指基本性格在某个或多个域中的呈现"不易为人所知、亦不易自知"。依据"四域五阶十五级"测定基本性格，组织可以通过预测规避、积极暗示、定向帮扶、搭配合作等方式加强对员工性格的管理。

第一节 为什么要深度解读性格

性格由天性和内在气质杂糅融合而成，即综合气质。天性包括智商、情商、心商、逆商等，内在气质涵盖潜意识动机、习惯性思维方式、品性、自我认知等。性格的生成既有遗传因素，也有后天培养成分，其中遗传占据主导地位，后天培养多在幼儿期和童年时段成型。戒酒戒烟难，且易反复；戒毒戒赌更难，瘾如心魔；变换性格难上加难，因其属性极其稳定。正因如此，一个人的综合气质很难在短期内改变（多数人的综合气质一生都不曾改变），但可以洞察其是否拥有多面气质——显性气质与隐性气质。

性格恒定，思维习惯难改，教练能做的是"如何激发和强化想要的气质，遏制和削弱不想要的气质"。

教育当从幼童抓起，幼时性格对成年后的性格成型起决定性作用。一个人明白道理、懂得理性选择不代表会照此行动，行为拗不过性格的强力约束或强烈驱使。在极端情景下，个人行为更易受性格支配。偶尔冲动是受魔鬼诱惑，反复冲动则为性格习惯使然。

行动与结果、付出与收获之间没有必然联系，影响结果的是选择与努力，影响收获的却是性格。性格可能带来的致命伤最可怕，致使结果、收获产生非正相关关系。有的人初成于野心（企图心）和不懈努力，终败于个性（性格）。只要不消沉，在自己擅长的领域，优秀的永远优秀，差的仍然是那个相对较差的。

涉及组织内部人才发展，则是要解读团队中每个人的性格，判断成员的"材质"后因材施教，对某方面潜能者予以积极的心理暗示鼓励成长，重点激发和释放高潜成员的能量；还可以预测人际风险并适时调整团队成员搭配合作。深度解读性格，当然还应结合核心素质能力评估，发现和任用可能带来高绩效的人才。

除了解读显性性格外，还需指出隐性性格可能带来的正面或负面作用，及时激发隐性性格或提前抑制隐性性格。

第二节 基本性格探索

希波拉克底将性格分为胆汁型（掌控特质：外向＋理性）、多血型（影响特质：外向＋感性）、抑郁型（谨慎特质：内向＋理性）、粘液型（稳定特质：内向＋感性），在实际验证过程中会发现，相当多数人性格边界并不清晰，性格类型杂糅一体；荣格提出了内倾型与外倾型性格理论，衍生的八种性格类型在社会实践中同样存在难以界定一个人的具体主体性格现象，随

第四章
四种基本性格分析研究

着情景的变化性格具有飘忽不定的特征。西方的性格假设，不断演变走向丰富多样化，性格流派层出不穷，或基于理论假想，或基于科学基础，或基于样本验证。

在东方文明社会，《易经》以阴阳说为论述基石，指出万物运转在阴阳转换中获得相对平衡，应用在性格研究领域，阴柔、阳刚则为性格假设的基础。进一步延伸，阳代表了开放、真实、情感表露、直线思维、刚，可以用"直"高度抽象表述；阴代表了封闭、虚假、心灵内游、曲径思维、柔，可以分别用"敛""伪""懦"高度抽象承载。直是中心，敛、伪、懦皆围绕直孳生，却又属于直的对立面。人若缺失"直"性，违背万物阴阳共体互生转换的规律，命运或有重大风险，隐患徐徐积累终不可逆转地发生。在同一人身上找不到一点"直"性，只能通过寻觅其他身上具备"直"性的生活情侣或工作伙伴搭档方式或解除、或规避、或降低性格缺陷带来的命运风险；人若完全缺失"敛""伪""懦"三性，命运同样存在重大风险，并且该风险可能以暴烈方式收场。在同一人身上找不到一点"敛""伪""懦"三性之一，需要更多具备非"直"性格的人从生活、工作等多方面搭配或解除、或规避、或降低性格缺陷带来的命运风险。

综上所述，基本性格可大致分为两类——"直"和"非直"类，"非直"类又可划出"敛""伪""懦"三类。天性纯直者，返璞归真，"真"为显著特征；直所修炼的最高境界为"哲"，哲学思考和思想输出层面。敛的初始层面为内向封闭，心中有栏有墙甚至自盖石棺之内，游走在自己的精神世界，时间一长则行为表现异于常人；敛所修炼的最高境界为"魔"，拥有极强的思想辐射与心理控制能力，善于蛊惑人心。小伪者说谎成性，掩饰、虚假是其典型特征；大伪者藏匿或消隐小我（关于个人利益，从个人私心及贪婪欲望角度出发），实现"大我"（关乎大众利益，从为组织谋福祉角度出发）。懦的原始本能为惧，遇事避之不及、内心忧虑恐惧；懦之大成则能以示弱而聚人心，被人众星捧月般用户。荣格在《心理类型》著作中也提出性格内倾与外倾说，直类可应对外倾，非直类可应对内倾。详见四种基本性格图谱（见表4-1）。

表4–1　　　　四种基本性格图谱（四域五阶十五级定格表）

阶	级	阶	级	阶	级	阶	级
魔	大魔迷	圣	大圣宗	哲	大哲教主	帝	大帝播名
	中魔控		中圣神		中哲师祖		中帝收心
	小魔乱		小圣装		小哲师父		小帝保位
仙	大仙祖	谋	大谋政	霸	大霸枭雄	滑	大滑泥鳅
	中仙尊		中谋棋		中霸元帅		中滑圆理
	小仙道		小谋策		小霸大将		小滑变卦
王	大王诸侯	奸	大奸毒	杰	大杰将军	善	大善施恩
	中王盟主		中奸诈		中杰人臣		中善许诺
	小王寨主		小奸精		小杰先锋		小善施惠
静	浅静笑	灵	大灵巧	冲	大冲义	绵	小绵说
	中静默		中灵通		中冲匡		中绵求
	深静淡		轻灵悟		小冲愣		大绵虑
闭	小闭栏	谎	小谎假	真	小真石	惧	小惧避
	中闭墙		中谎饰		中真金		中惧忧
	大闭棺		大谎局		大真玉		大惧恐
敛域		伪域		直域		懦域	

第三节　四种基本性格图谱及释义

根据基本性格的分法，作者尝试构建性格刻度尺表，绘制了基本性格图谱，包含敛、伪、直、懦四域。其中直域根据修炼程度设置真、冲、杰、霸、哲五阶，每一阶又细分三级；敛域设置了闭、静、王、仙、魔五阶，伪域则为谎、灵、奸、谋、圣五阶，而懦域划出惧、绵、善、滑、帝五阶，每一阶同样均分三级。通过域、阶、级的设置，绘制出合计八十四格之性格测定表。

人的基本性格大抵可以划分为四种——敛、伪、直、懦。这四种基本性格蕴含了人的智、情、心、逆天性,以及杂糅了潜意识动机、本能反应、习惯性思维方式、品性、自我认知。每个基本性格域有五阶,最低阶和最高阶为基本性格域的两个极端。大敛生魔,大伪成圣,大直哲思,大懦帝相;小敛自闭,小伪虚谎,小直本真,小懦心惧。

基本性格图谱中四域仅为大方向的性格测定,颗粒度较粗,但测定的难度相对较小;五阶就到了具备实际用途的定格层面,测定难度系数增加,或有一定偏差;关于十五级的测定最难,需要采用性格测评工具才能较为准确地测定。

(1) 敛域:敛域性格,呈现为内秀,常具备较高的心商,善于观察和向内思考,价值观根深,内心世界丰富,对于人心的自我觉察和洞察他人有相当天赋,有操纵人之心理的强大潜能和相对清晰的自我认知。

五阶为闭静王仙魔。两个极端阶:闭者悲孤结局、偶成奇才偏器;魔者亦正亦邪、登峰造极之相;中间阶在常人层面,仍有机会在普通群体中做出突出的成绩,或相对平凡简单度过一生。

(2) 伪域:伪域性格,呈现为虚假,心思与言行曲径相连,善于掩饰或粉饰,动机深,自我认知和外界认知常存在较大偏差。伪域为显性性格的人,会通过战术或战略欺骗得利。达到谋或圣阶,情商一般亦不低。

五阶为谎灵奸谋圣。两个极端阶:谎者闪烁不定、耍小聪明而已;圣者大谎如真、成功装逼一生;中间阶同样在常人层面,或小有所成,在一定的群体范围内出类拔萃,抑或有才却失意一生。

(3) 直域:直域性格,呈现为坦率、硬朗甚至粗暴的风格,思维方式单一,价值观中爱憎分明的成分明显,直域为显域性格的人,情商普遍不如智商,常为人际关系所困扰或无意识打破社会群体的微妙心理脆弱纽带,且容易折断或被暗箭所伤。直属阳刚,需要阴柔的平衡,敛、伪、懦任何一种性格的人都可以与之搭配,以减少命运的挫折风险。

五阶为真冲杰霸哲。两个极端阶:真者不容于世、为人忌恨;哲者大智若愚、开山隐世之祖;中间阶有以波折悲剧、有以善终圆满、有以辉煌人生收场。

(4) 懦域:懦域性格,呈现为顾虑多、犹豫不决,忧惧结果带来的代价，容易受人意见左右，智商、情商、心商、逆商都比较中庸，自我认知薄弱。懦者福运有时不请自来，亦能在他人辅佐下成就一番事业。

五阶为惧绵善滑帝。两个极端阶：惧者胆小如鼠、恐惧罩心；帝者弱而不软、众星捧月；中间阶若为底层起步则多数很难获得突破性发展，持续协助他人或能跟随成长。

由于每个人的基本性格可能存在多种域，或为显域，通过强力开发有较大概率使得显域性格的阶、级变化；或为隐域，更多需要外力重大刺激方使得人之心性大变，隐域转化为显域性格。

第四节 判定性格的方法

一、相面定格法：定域、定阶

面相主要由眼睛、眉毛、鼻子、耳朵、嘴巴组成，天庭、印堂、人中、颧骨、脸型也是重要的组成部分。其中眼睛和嘴巴（含唇齿及发声）是相面的关键部位。看脸识人知趋向，敛、伪、直、懦之大性格全写在脸上，体现在行为中。深入相面识人，缓慢扫描其人语言行为神情细节，以精准读出其人心理活动，进而推理其人思维习惯，然后研判其人性格，最终估测其人的梦想/信仰。并非人人都可做相面人，敏于洞察、阅历丰富、掌握一定面相知识的人尚有资格为人相面评估性格。

根据基本性格图谱，采取三定法判定性格：先圈四域（性格内核），再判五阶（阶位），末定十五级，最终定格到某域某阶某级。鉴于相面及解读的边界模糊性，能够定域、定阶已经不易。需要注意：人的性格往往会有多面性，不止一个域，因此会在不同域中同步定格。定格后，分析受测人的能力行为瓶颈及发展走向。

二、心理测验定格法：定域、定阶、定级

关于性格测验技术与产品，譬如常见的 16PF（卡特尔的乐群/聪慧/稳定/恃强/兴奋/恒定/敢为/敏感/怀疑/幻想/世故/忧虑/实验/独立/自律/紧张 16 种人格因素测试）、MBTI（麦尔斯及布里格斯的内倾/外倾/直觉/感觉/理性/感性/主观/客观职业性格测试）、霍兰德职业倾向测试（研究型/艺术型/社会型/企业型/传统型/现实型职业兴趣测试）、MMPI（哈瑟韦和麦金利的性格分析与心理健康测试）、SAS（焦虑自测，self-rating anxiety scale）、SDS（抑郁自测，self-rating depression scale）等性格测试，已处于成熟应用阶段，有鉴于此，同样可以开发以四域五阶十五级为测量维度（考察内容）的客观测验产品，设计组合题型/题数，确定测量标尺，明确答案标准，内测和优化内容效度/结构效度/准则效度及信度，从而推出测试软件实现高效率客观评分。

相比相面定格法，客观量表测验不仅可以做到精度测量，还能摆脱对相面人的依赖，更多借助仪器、软件测验。不过，客观量表测验在性格的深度挖掘方面还是有限，且对于测验产品开发人的专业水平要求相当高，设计环节存在缺陷有可能导致效度及信度明显偏差。

三、定格之后的解析法

人为相面定格的性格测定法，读人性格尤忌"情感妨碍判断"。敛者有心，伪者有术，直者痛快，懦者有人扶。仅有单域性格，一般会造成性格缺陷。四域两端走，要么步入阶顶，要么步入阶底，即关注异常。异常则异人，非常人。

定格之后解析需遵循以下原则：
（1）关注异常格，即定格为阶顶及阶底。
（2）关注定格涉及域的数量，关注单域性格。
（3）判断性格域的显性和隐性之分。

（4）预测性格域的扩展空间（阶或级的向上扩展性）。

四、人有显性与隐性性格之分

性格有显性与隐性之分，亦即显性与隐性气质。同一个人可能同时在多个域的不同阶、级定格。在生活中，性格显性面起重要作用，决定能力行为瓶颈及命运走向。有时看到某个人会发生性情大变，行为迥异于以往，其实变的是表象，本性不曾移。性情大变，实乃本性的另一面（隐性性格因素）被激发。先定域再定阶后定级，辨其显域与隐域，隐域为其命运潜能。若不大变，显域主命；若大变，隐域主命。性格分显性与隐性，可开发显性，亦可开发隐性。

第五节　扩展性格的用途

一、预测命运走势

性格对个体人生的走向起到至关重要的潜移默化作用。提供结果与能力素质有关，个人收获与个体性格有关。自闭性格的人，在社会角色认知及人际交往方面或存在先天性缺陷；说谎成性的人，无法取信他人；遇事冲动情绪失控的人，行为容易出格，即便有理也会被动；喜欢耍滑头的人，总有被人死死摁住逼到墙角的时候。团队行动输出结果，但在分享果实时却有可能出现厚此薄彼的现象，或因为性格中的某些成分导致了福气的丢失。只要人类存在性格差异，就会存在"命运不公"的事实。

对于性格定格在两个极端的人，属于异常性格之人，部分异常性格、异常行为者或有非常成就，可积极预测此类性格人物的成长前景与行为风险；对于性格定格在中间状态的人，属于常态之人，评估其有无常态中的相对出类拔萃的可能，以及材质本身可能存在的瓶颈。

二、因势利导

你很难改变一个人,只能看透一个人并因势利导。对敛之人用价值与成就激励、信心鼓舞,思想渗透、启发工作方法为主,辅以传授知识技能,强调反复影响和深度交流;对伪之人用交易激发、利益诱导与名誉约束,思想渗透、启发工作方法为主,辅以传授知识技能,强调反复影响,不与伪者动情交心;对直之人用鞭子刺激和信任激励、提供物质与精神奖励,既输出思想、提供工作方法,也直接传授知识技能、强调反复训练,同时划定雷区与高压线;对懦之人用鞭子刺激、信心鼓舞和逼潜,既输出思想、提供工作方法,也直接传授知识技能、强调反复训练,不与懦者动情交心。

三、心理暗示的积极意义与破坏性

性格测评或相命可给予人积极的心理暗示,并赋予受测者使命感。所谓卜卦灵验,不过是心理强烈暗示作祟。算命基本属于心理学范畴的预测行为,对当事人而言反复的命运预测,若自我认同积极的预测内容,同时也是一种强大的、持续的心理暗示,良好成长方向的最佳催化剂,潜能开发的手段;一旦笃信消极的预测内容则对个体命运具有较强的破坏性,算命妄语投魔到心,心理暗示则害人不浅。

四、不仅以人配岗还需以人配人

无论政府机关还是企事业单位,应唯才是用,允许性格迥异、自由争论、百花齐放,坚决扼杀办公室政治苗头,涉及性质问题(职业品性原则性错误/严重悖离价值观)一票否决。

过于依赖个人时,英雄主义也是有杀伤力的,其人何种性格,行为必有何种风险,提前评估预料,积极布局预防、从容管控。了解每个人的性格主域后,若想聚拢优秀人才实现"1+1>2"的效果,需要人与人的科学搭配，即在某一级组织层面明确一人为核心骨干，配置不同性格的骨干辅助其实现组织绩效，在职场中不同性格人才合理搭配组合使用，降低人际关系冲突带来的难以测控的经营管理损耗，有效管控组织决策及行动风险。直域为显性性格的人，周边应配以敛、伪、懦域显性性格之人；敛、伪、懦域显性性格之人，周边应配以直域显性性格之人。

第六节　结　　论

纵然性格有复杂多面性，但仍可尝试通过四域五阶十五级定格法做基本判定。关于四域性格的分类——四种基本性格（域）、二十种具体性格（阶）、六十种细分性格（级），基本将个体的天性和内在气质囊括在内。通过扫描面相、分析履历（评估阅历）、开放式对话和自我评估、客观量表测验等多种方式对性格进行初步定格，然后辨别显性与隐性性格因素，并对个人材质及异常信息深入解析从而获取对方的成长前景及行为风险，因应提出帮扶、规避、搭配策略。性格分析在应用中最难的是定格部分，若无科学的测评方法与智能测评工具，则很大程度上受制于性格判官的研判水准（知识结构、阅历）。

术语解释：

天性：一个人与生俱来的特质，主要包括 IQ（智商）、EQ（情商）、MQ（心商）、AQ（逆商）。

内在气质：一个人后天养成的特质，由潜意识动机、思维习惯、品性和自我认知有机融合形成。

综合气质：天性＋内在气质。

智商：由思考能力、分析判断能力、学习研究能力、语言能力、创造能力等组成的理性抽象能力。

情商：由情绪控制能力、人际关系处理能力、社会舆论认知与管控或引导能力等组成的情感认知与处理能力。

心商：由拉近心理距离、读取或揣摩他人心理活动能力、心理健康与压力调试能力、联想与想象能力等组成的内心世界认知与处理能力。

逆商：由逆境心态、逆境反应能力、迎难而上的决心、毅力/定力等组成的抗挫意志力。

思维方式：包括抽象、形象、情感三大类思维，又可细分为逻辑、结构、系统、数据、模糊、工具、经验、突破、证据、印象、联想、想象、模拟、幻想、本能、社会认知等思维方式。

相面：根据人的相貌、神态、姿势、行为举止等静态及变化的外观条件信息进行搜集和加工处理。

卜卦：根据各种古老的卜问方式，推算或预测事件发生可能的结果，或一个人的命运走向。

算命：根据生辰八字、面相、手相等推测一个人的命运走向。

显性性格：一个人通常表现出的综合气质，为身边人所熟悉的天性及内在气质。

隐性性格：一个人身上潜藏的未被发掘或未被身边人熟悉认知的综合气质。

办公室政治：由于有限资源争夺、利益分配、分工因素等滋生各种派系，互相掣肘和责任推诿，或共同挤压特定职员的组织内非组织行为。

结构效度：指测验分数能够说明心理学理论上的某种结构或特质的程度。

内容效度：指测验题目对欲测的内容或行为范围取样的适当性。

准则效度：指测验分数与效度标准的一致程度。实际测量结果可以在测量标尺上对应刻度值且有意义。

定格：在性格图谱中确定性格的域、阶、级，在相应词格中标识确认一个人的性格。

第五章

论核心素质——优秀与平庸的分水岭

选人用人过程中,组织内部经常产生各种分歧。除了需要满足硬性任职资格条件外,企业到底应优先选用什么样的人,员工的哪些能力素质是必不可少的?本研究提出了真正区别优秀与平庸的核心能力素质,尝试构建中高级管理人才的胜任力模型。所提出的假设与具体模型,均建立在麦克利兰能力素质理论基础上。本章认为,企图心、行动力、意志力,三项核心能力素质水平是优秀与平庸的分水岭。

第一节 选人用人问题困扰

政策、结构、资金、人才,乃组织发展的主要支撑因素,其中关于人才的科学选用又是人才管理的核心。实际管理过程中选人用人常受到面试官与用人单位负责人的理念及偏好、企业文化、人才搭配考量等多方面因素影响,选错人、用错人是常见问题,但该问题带来的严重负面影响却常常被企业决策层选择性忽略或超限容忍。

面试录用和内部提拔人选,为什么用人部门与人力部门、用人部门上下级之间屡屡产生分歧?如何才能达成共识?虽然每家企业一般都会有一套任职资格标准文件作为选人的书面共识,但除了身高、年龄、学历、职称、从业资格等硬性条件外,其他方面的弹性较大,且任职资格描述的面比较广,容易被用人部门、人力部门各抓一点一面据理力争。究竟哪些才是面试录用或内部提拔人才的核心决定因素，哪些又是坚决一票否决的因素，尤其需要分析辨别和形成共识。

我们到底想要什么样的人为组织服务？假定给予平台和才华施展机会，什么样的人做出的成就更大？答曰：优秀的人或高潜的人。那么又如何判定优秀或高潜？或许在绩效表现方面异于常人、主动和善于解决问题的人，才会让组织感到满意，从而被认定为优秀或高潜的结果状态。绩效表现需要一定周期内多次结果的验证，对于内部提拔尚依据客观数据和重要事实案例衡量，但对于面试录用新人就很难验证其之前从业成功案例了。所以，在选人用人方面更需要评估一个人能否提供预期的效果（绩效表现），这就涉及素质与绩效的关系梳理。

第二节　论素质与绩效的关系

一、麦克利兰的能力素质说

心理学家麦克利兰对于智商、能力、绩效的认知较为深刻，通过案例观察分析发现了智商与绩效表现的非直接关系、能力与绩效表现的直接密切关系。麦克利兰由此提出了能力素质理论（"冰山理论"），以冰山形象比喻，包含海平面以上的知识技能、海平面以下的动机、特质、自我认知、价值观，他认为冰山以下的部分对于绩效变化起到显著作用。组织内不同成员客观可衡量的业绩表现，背后存在胜任能力素质的差别。胜任能力应与岗位的工作场景紧密关联，一个身体条件正常的组织成员只要其意愿足够，其自身所具备的能力素质总和即可转化为工作行为与结果。

二、组织绩效的核心驱动

人力资源管理实践一般从某一个原点延伸，以达成组织绩效目标为终点。以原点为核心驱动或牵引动力，健全人力资源管理、推动人力资源发展。人力资源管理实践的原点一般有五个——以岗位为原点、以岗位胜任者为原点、以组织文化为原点、以分配激励为原点、以人才聚集与自由发挥为原点，延伸出的人力资源研究与实践殊途同归，最终呈现为组织绩效表现。

以岗位为原点，会涉及工作分析、任职资格的梳理明确，构建岗位管理体系；以岗位胜任者为原点，则从人的能力素质研究出发，构建员工胜任力体系；以组织文化为原点，偏重从人的精神丰富性和思想统一性角度着力，用文化的软力量影响和激励平台上的成员；以分配激励为原点，主要从授权、物质利益分配、荣誉授予多方面运用杠杆撬动人性；以人才聚集与自由发挥为原点，需要大胆聚拢各种人才，鼓励创新和试错、追求多面开花结果，不经意中为企业发展开辟出一两条通达之路。

现以岗位胜任者为原点延伸人力资源管理实践，主要研究发掘人的能力素质与绩效的逻辑关系，发现优秀与高潜人才身上与众不同的特征。应强调人的能力素质而非岗位工作内容范畴，即岗位职责不再完全分明，工作基于能力而模糊内容边界。

三、素质与绩效的关系

录用定薪或内部选拔定薪，离不开付酬要素分析，一般基于岗位价值、人的能力、业绩表现、特殊资源及变现机会、市场供需情况等要素综合评估确定员工薪酬。在岗位价值相对明确、业绩表现难以验证的前提下，招聘录用时基于人的能力定薪就变成了付酬的主要考量因素。同一种岗位人的能力越契合，在岗位薪资框架内定薪就越高。

包含动机、意愿在内的能力素质，高素质有机会转化为有效行动，有效行动获得预期效果。换个说法，少数关键人才或一个团队拥有高于行业平均水平的胜任素质，则有机会实现满意的组织绩效。

1. 个人绩效汇集为组织绩效

组织绩效由少数关键人才或组织内全体成员共同努力下达成。一个个组织成员单独考核为个人绩效考核，合并为一体考核团队或组织绩效考核，组

第五章
论核心素质——优秀与平庸的分水岭

织绩效是个人绩效分解的基础，个人绩效表现汇集为组织绩效。一个组织中少数个体的个人绩效较差，或不足以影响整体组织绩效，但一两个关键人才的个人能力素质或能影响大局。优先关注关键个体，同时关注团队整体，是保障组织绩效目标实现的基本策略。

2. 以（阶段）结果性绩效表现倒寻胜任素质特征（以终为始）

研究历史上做出成就的人物，研究优秀企业及优秀人才，因为优秀企业、优秀人才能为组织带来高绩效，集中辨识优秀企业的团队普遍性特征（包括与其他普通企业明显不同的鉴别性能力素质），辨识优秀人才身上普遍性特征（包括区别与一般人才的特征）。以终为始倒寻优秀人才的胜任素质，提炼为某种岗位的专有能力素质或多种岗位的通用能力素质。

3. 采样比较分析是筛选胜任素质特征的基本方法（采样比较分析）

通过定向抽取一定数量的优秀及高潜人才样本、普通人才样本，以问卷调查、行为事件访谈（BEI）等方式采集可描述能力素质的关键词信息，即采样比较分析。采样比较分析是胜任素质模型构建的重要环节，衡量客观数据以确定绩效优秀人才及绩效表现高潜人才的基本方法，不仅可理出优秀与高潜人才名单，还能梳理绩差与绩劣人才名单，在定向人才名单群体中随机抽取样本，深入采集素质特征信息，比较分析差异。

四、素质建模：素质模型的基本维度

构建模型是胜任力体系建设的基础部分。模型涉及理论植入、结构、逻辑等思考，根据胜任力理论，素质分维度来描绘，从抽象因子到具体测量因子。常见的维度分法：以冰山理论的具体分层假说为基石推导出知识、技能、价值观、自我认知、特质、动机六个维度；以冰山理论的上下层假设为依据推导出核心能力素质（冰山隐藏部分）、知识技能（冰山可见部分）；以能力变现逻辑推导出意愿、知识、能力、行动四个维度；以能力素质覆盖岗位群体的范围推导出通用能力素质（基本素质）、差异能力素质（专有素质），差异能力素质又可拆分为专业能力素质、管理能力素质；也有个人特质、管理技能、人际关系分类，还有自我管理能力、领导力、商业能力、人

际关系能力分类，建模不同，能力素质要求的倾向性不同。

就核心能力素质、知识技能分维度而言，核心能力素质基于人的内在，相对稳定和不易改变，可以覆盖大多数岗位人才；而知识技能随着学习实践的增加可能会获得长足进步，此类能力素质容易改观，由于岗位任职资格条件、工作内容、管理侧重点的千差万别，对不同岗位人才的知识技能要求素质因应调整。

按照上述观点，也可以说核心素质只能测量一个人材质好赖及发展空间（发展潜质），不能测量出其现实拥有的知识技能水平。

第三节 萃取核心素质及胜任力建模

一、核心素质在能力素质理论建模中的地位

特定企业的胜任力模型，可以通过实证研究、或理论及逻辑推导，或拿来主义搭建。采取归纳总结的方式研究企业高绩效与低绩效员工特征的显著差异从而建立胜任力模型，优点在于立足于现实，最大化量身定制；缺点在于耗时耗力、操作难度高，同时还会受制于样本数量的有限性。基于理论和逻辑推导，结合时代发展趋势、公司战略要求和价值观及公认的典型绩优样本特征来建立胜任力模型，足以做到逻辑清晰、富有前瞻性，但理想化成本居多。拿来主义更是直接获取和修订优秀企业已有的胜任力特征，为己所用，操作简便、省时省力，但缺点也是明显的——胜任力模型与企业发展阶段、员工绩效表现联系松散，效用不高。

由于核心素质属于冰山下隐藏部分的能力素质，包含动机、价值观、自我认知等，核心素质的差别导致知识技能的成长速度、能力转化为行动的概率大相径庭，最终绩效表现也有天壤之别。核心素质是真正区别于优秀与平庸的关键能力素质。

二、核心素质的萃取来源与方法

通过企业内部、同行优秀企业的采样比较分析，提炼岗位所需人才的能力素质关键词，形成能力素质关键词库。以核心素质能力和知识技能为基础维度构建胜任力模型，分类筛选不同维度的能力素质项，完成建模再编写相应的素质辞典。

能力素质的萃取，不妨以开放心态分析借鉴行业共性、同行优秀企业胜任力体系，在此基础上对企业内部员工采样分析（包括人员档案及绩效数据查阅、问卷调查、BEI方式），梳理岗位职族和序列，从而提炼出全体职员共享的核心素质和不同岗位的差异能力素质。

三、常见核心素质特征

关乎动机、特质、价值观、自我认知、价值观的素质，统称为核心素质。在数十年的建模及胜任力体系落地实践历史中，沉淀了一批常见的核心素质（关键词描述），举例如下：

事业激情、企图心、价值观契合、自信、正直、行动力、悟性、反省力、应变力、决策力、毅力、意志、自律性、抗压能力、挑战欲、逻辑思考能力、系统思考能力、创新突破能力、学习消化能力、理解力、共情能力……

常见核心素质项其实远不止上述示例，正因为核心素质特征的丰富多元性，导致企业在构建胜任力模型时素质项可选性很大，容易产生胜任力模型构建十全十美诉求的偏差，也容易迷失在素质森林。

常规性开花结果的背后是常规能力素质使然，满意度的绩效源于满意的异于常人的能力素质，诸多核心素质潜能的开发和释放取决于核心素质之中原始牵引力的大小，最底层的核心素质才是原始牵引力。如何拨开迷雾、去"伪"存"真"，找到真正的、有限的优秀与平庸的分水岭素质，恰是此次研究的课题。

四、优秀与平庸的分水岭

无欲则无求，无所谓动机，欲望是动机的源泉，为动机的内在燃料。人性假设基于私心、贪婪、善舍三种欲望，其中贪婪的爆发力最强。

历史上创建王朝的帝王、开疆拓土的将军、著述颇丰的作家、玩转金融的资本家、白手起家的创业者、各行各业各平台的优秀职业经理人，性格、擅长、管理手段大相径庭，但都有其鲜明的共同特征，美其名曰"雄心勃勃"，直白一点"野心强烈"，更重要的是坚决付诸行动，且在反复受挫过程中表现得富有韧性，即便在现实遭遇中落得个遍体鳞伤仍不肯放弃内心的追求，有一种使命般的信念在支撑。每个普通人其实都有一点梦想，但倾向于自我设限，受挫后还容易认怂，在自我认知方面屈从于现实，性格中缺了持续行动的毅力、意志。最终导致绝大多数人选择了接受现实，少数人则选择逃避现实，最终极少数人脱颖而出，在某一领域做出令人刮目相看的成就。

对于企业而言，有着明确的、与企业发展密切相关的职业目标或人生追求的员工，只要遵循"意愿—知识—能力—行动—结果"转化逻辑，迟早有一天会实现某种意义上的成功，绩效表现必然在团队成员平均绩效之上。

通过冰山理论、人性假设、能力转化逻辑推理，最底层的核心素质应由企图心、行动力、意志力组成，属于所有能力素质（包括潜能）的原始牵引力。企图心涵盖了进取精神、野心、事业激情等相关词汇描述的意思，属于原始动机和贪婪人性。没有持续的努力、连续的将想法付诸行动，人的惰性就会一点点吞噬企图心。意志是决心、底气、毅力的聚合，尤其在遭受挫折时反复强化目标信念和行动节奏，保障企图心和行动力时刻处于高能状态。

一个人只要存有企图心、行动力和意志力，即最底层的核心素质，创造高绩效是必然的、不可逆的。同时拥有企图心、行动力和意志力，有较大概率将身上各种良好潜能激发出来，同时加速知识技能的外部获取。所以说，

第五章 论核心素质——优秀与平庸的分水岭

企图心、行动力和意志力三种核心能力素质是优秀者与平庸群体的分水岭。

五、核心素质辞典

素质模型中每个维度的具体测量因子，可以通过编写素质辞典明确定义和详细描述，并建立测量标尺，设置相应刻度来衡量具体因子的程度，相当于用行为锚定法确定每个能力素质项的定义及表现程度（见表5-1）。

表5-1　核心素质辞典（以企图心、行动力、意志力为例）

核心素质项	素质定义	刻度级别	素质刻度描述（行为幅度/行为强度临界点）				
企图心	对事业有明确的追求，为了满足某种欲望而野心勃勃，表现出强烈的进取心、开拓精神和事业激情	Ⅰ~Ⅴ级	信仰	成就欲望	职业规划	目标	挑战
		Ⅰ级	坚定	强烈	坚定	坚定	强烈
		Ⅱ级	清晰	较强	清晰	清晰	较强
		Ⅲ级	有	强	有	有	强
		Ⅳ级	模糊	有	模糊	利益诉求	利益牵引
		Ⅴ级	—	—	—	利益诉求	利益牵引
		Ⅰ级	拥有坚定的信仰，表现出强烈的成就欲望，追求实现人生价值，职业发展规划坚定方向，坚定奋斗目标，热爱所选择的事业，主动挑战自我极限，具备强烈的开拓精神和事业激情，享受成就带来的愉悦和自豪感				
		Ⅱ级	拥有相对清晰的信仰，表现出较强的成就欲望，职业发展规划清晰，目标清晰，喜欢所从事的工作，有较强的挑战精神，具备积极进取意识，能享受工作带来的满足感				
		Ⅲ级	有信仰，有一定职业发展规划，有一定的中短期目标，成就欲望强，挑战勇气强，对平台和所从事工作有较强的情感归属，自尊自爱，在竞争中不甘落后，积极表现和享受他人欣赏及肯定带来的满足感				
		Ⅳ级	无确定性信仰和职业规划，但有一定的成就欲望，对所从事工作有一定的兴趣，结合利益等需求，自我要求进步和接受挑战，对物质利益有诉求，在激励制度规范下诉求更多利益				

续表

核心素质项	素质定义	刻度级别	素质刻度描述（行为幅度/行为强度临界点）				
企图心	对事业有明确的追求，为了满足某种欲望而野心勃勃，表现出强烈的进取心、开拓精神和事业激情	V级	在外部条件刺激下，目标兴趣和挑战勇气主要源于物质利益驱动。为了满足利益诉求或虚荣需求，在竞争规则约束下抢占利益分配名额				
行动力	有了想法后付出的行为努力程度、行为爆发力和持久性，在目标与时间管理方面肯下功夫，勤奋敬业	Ⅰ～V级	目标管理	时间管理	勤奋程度	爆发力	持久性
		Ⅰ级	聚焦	强烈	拼命	强烈	强烈
		Ⅱ级	主动	较强	闭环	两者某一点"较强"	
		Ⅲ级	较主动	强	敬业	强	
		Ⅳ级	有	有	受外力施压	有	
		V级	受外力施压		受外部因素干扰	具有不确定性	
		Ⅰ级	自觉将内心企图积极外化为行动，主动聚焦高价值目标，时间紧迫意识强烈，为了目标的达成可以拼命，有强烈的危机意识，行动爆发力和持久性都明显强烈，善于积极采取各种策略和自我勉励保持行动的爆发力和持久性，不给自己制造行为懈怠的借口				
		Ⅱ级	坚定目标追求，善于主动管理目标，有较强的时间管理意识，行动上能够闭环，主动将想法付诸实践，在行为的爆发力和持久性方面至少有一面比较鲜明，对于短暂的自我怠惰行为感到羞愧				
		Ⅲ级	目标管理较为主动，时间管理意识、行动方面的爆发力和持久性强，敬业。在目标或任务、周边竞争的驱使下做出积极的行为表现，不愿成为落后分子，有较强的责任心				
		Ⅳ级	有一定的目标管理和时间管理意识及动作，在整体工作环境、团队氛围的感染或压力下表现出勤奋行为，行动有爆发力和持久性。在兴趣、利益等多种需求的驱使下，在合理管道内采取良性行为以满足个人欲望				
		V级	在整体工作环境、团队氛围的压力下推动目标与时间管理、表现出勤奋行为。依赖外部条件刺激做出行动改变，行为爆发力和持久性易受外部因素干扰，具有不确定性				

第五章
论核心素质——优秀与平庸的分水岭

续表

核心素质项	素质定义	刻度级别	素质刻度描述 （行为幅度/行为强度临界点）			
意志力	不论顺境还是逆境，始终坚持信念，决心不曾改变，且拥有自信底气，表现出愈挫愈勇、坚忍不拔的毅力	Ⅰ～Ⅴ级	决心	自信	逆境表现	抗压
		Ⅰ级	强烈	强烈	愈战愈勇	淡定不惧
		Ⅱ级	较强	较强	坚忍不拔	自我调适
		Ⅲ级	强	强	不忘初心	抱团勉励
		Ⅳ级	短暂动摇	有	反复权衡	接受鼓励
		Ⅴ级	犹豫	具有不确定性	一度停滞	具有不确定性
		Ⅰ级	决心和信心强烈、具有感染力，顺境存忧患意识、逆境敢迎难而上且愈战愈勇，在各种排山倒海压力下仍能保持淡定不惧，在心理上足以承受各种委屈、重大挫折带来的压力，内心冷酷近似无情，不惜一切代价前进以实现目标			
		Ⅱ级	有较强的决心和信心，逆境坚忍不拔，遭遇败绩善于自我勉励，并能积极调整心态和变换策略，认定目标坚持自己的选择			
		Ⅲ级	决心和自信心强，在各种挫折的打击下依然不忘初心，在自我勉励和周边人的鼓励下积极调整心态，向着目标的方向前进			
		Ⅳ级	有决心和自信心，在挫折来临时，虽曾短暂地动摇过信念、犹豫过自己的选择，但在反复权衡利弊和分析形势下，借助周边人的鼓励，还是坚持了之前的决策或追求			
		Ⅴ级	在挫折打击或他人冷嘲热讽的氛围中，信念、决心等受到强烈冲击，一度犹豫不决、信心受挫，在内心的放弃和坚持两种声音反复较量下走过一段段弯路或发生过停滞，但仍然勉力前行，同时尤其需要一批人在背后给予鼓励和行动支持			

企业选人用人的第一原则，应是坚决不要将"企图心淡泊、行动拖拉提供不了结果、容易半途而废"的人选置于核心管理岗位上。一个没有企图心的人，与有欲有求的企业存在动机上的根本性冲突。有了一定企图心，但辅助行动的意愿和自我行为管理能力差，企图心就成了空中楼阁。没有行动力，企图心的价值必然归零。行动力若无强大意志的加持，人很容易在外

界的袭扰下放弃曾经的目标,行动式微。

六、中高级管理人才的胜任力模型(胜任力建模)

假定以核心素质、知识技能为两大维度,又以知识结构、专业技能、管理技能组成知识技能维度,以此为理论基础搭建管理者胜任力模型。在建模理论的指导下,设计输出中高级管理人才胜任力模型(见图5-1)。

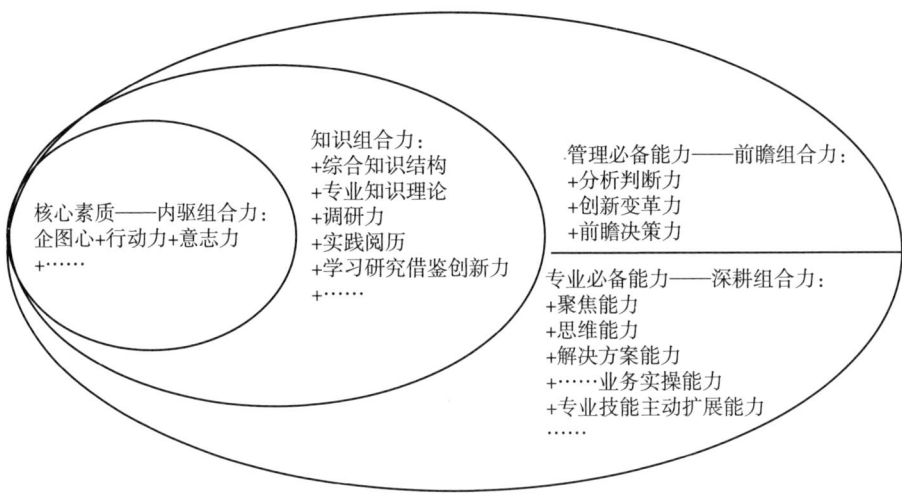

图5-1 中高级管理人才的胜任力模型

中高级管理人才的核心素质中,企图心、行动力、意志力属于必备的素质项,可根据企业价值观等因素考量增加其他素质项。在知识结构方面,综合知识结构、专业知识理论属于必备的素质项,其余为弹性选择,调研力、实践阅历、学习研究借鉴创新能力会大幅扩展一个人的知识面及理解深度;在管理能力方面,应侧重前瞻性,分析判断力、创新变革力、前瞻决策力为必备能力,并能推动组织成员从管理者转为领导者;在专业能力方面,则强调深耕一域,聚焦能力、解决方案能力、业务实操能力为必备能力,其中思维能力、专业技能主动扩展能力有助于一个人的加速成长。

核心素质基于人的内在动力及自我画像，知识、专业技能与管理能力素质基于外部获取。核心素质严重不匹配须一票否决，知识技能素质匹配度越高选用机会越大，拥有鲜明的团队稀缺素质优先选用。对于管理者而言，分析判断力、创新变革力、前瞻决策力均至关重要，尤其是分析判断力若差强人意足以否决该人选的管理录用或管理晋升机会。

七、核心素质甄别的意义及其局限性

甄别核心素质的常用方法其实有些单薄，如心理测验、问卷调查、胜任力辞典对照评估、素质面试题库提问等。其中客观量表测验相对标准化、可衡量可比较，容易应用到各级管理岗或专业岗位的面试评估、内部选拔过程；投射测验重在解读、评估水准具有不确定性，或能深度挖掘被测样本的核心素质特征，建议应用到有限的中高级管理人才测评范围。

为辨识优秀与高潜人才，设计素质甄别应用工具时（包含核心素质甄别），不分岗位职等职级或职族，职员均适用企图心、行动力、意志力具体测量维度，尤其是前两项素质。

核心素质测评只能测量一个人的材质好赖及发展空间（发展潜质），不能测量出现实拥有的知识水平、业务技能和管理素质。一个组织只能同时拥有少数优秀者、高潜者和多数平庸者，平庸者有转变为绩良者的可能，所以唯有发现和狠用绩优/高潜、耐心批量孵化绩良，才是值得提倡的选人用人理念。

第四节　测评实验验证简述

素质测评是胜任力模型的主要应用方式，对于核心素质测评，既可以通过客观量表测验衡量，也可以采用投射测验解析。关于素质测评题的开发，需要设计和调试测评的结构效度、内容效度、准则效度，还有测评的题型组合、题数及时长把控。从2010年开始，笔者研究、尝试各种素质测评题的

开发，陆续推出适用于网点/门店/项目的第一代、第二代管理人才素质测评题及销售人才素质测评题，测试样本一千余例，覆盖一百余家零售门店和专柜；还专门向个别品牌企业量身定制构建了基层管理者胜任力模型及销售人员胜任力模型，据此开发了管理人才及销售人才素质测评产品，由企业通过二次开发升级为在线测评软件；2015年，笔者又推出适用于总部职员的核心素质投射测验产品，并由企业开发升级为在线测评软件。

以曾经开发的管理人员测评试题为例，属于客观量表测验类型，测验内容分六部分，合计131道题，正常答题时间为60~100分钟，在认真答题的前提下最快答完也需要40分钟。题类划分为多选题、单选题、判断题、看图描述、"选择+分析说明"题（排序、归类、分析）、情景题。

管理人员测评试题如下：

本测验共有六个部分，共计131道题，须在100分内钟完成。

请在答题卡上按要求填写自己的姓名、职务、部门。

答题注意事项：

1. 题目应在答题卡上作答，不能涂改，涂改超过3次，本试卷作废。

2. 题量较大，只需凭个人直觉答题，无须太多思考，否则无法在限定时间段内完成全部试题。

3. 填写答题卡时，注意答案填写顺序，以防错序、漏答，影响测评效果。

4. 一旦发现恶意答题，即通知答题人上司处理。

一、多选题 I

1. 当你周边多数人反对你的某一观点时，你会_____

　A. 据理力争，但可能得罪人

　B. 逐个说服，但会耗费精力

　C. 保持沉默，但会有受挫感

　D. 只管去做，但可能有风险

2. 看到公交车上挤了很多人，你会_____

　A. 无奈等下一辆车

　B. 挤上去

　C. 打的

第五章
论核心素质——优秀与平庸的分水岭

D. 心里烦躁

3. 本来你计划到 A 站坐地铁，结果走错到 B 公交站，你会：

A. 返回去，到 A 站

B. 看看 B 站公交路线，权衡比较 A 站和 B 站到目的地的距离

C. 干脆打的到目的地

D. 倍感沮丧，改变计划返回家里

4. 你选择_____

A. 富有

B. 高薪水

C. 上司赏识

D. 强健的身体

5. 面对陌生人的莫名责骂，你会_____

A. 上去给他一拳

B. 只要他不动手，一笑置之，离开

C. 和他理论，一定要搞清楚原因

D. 感到丢人，那么多人围观

6. 爬到半山途中，已经累得气喘吁吁，你怎么办？_____

A. 跟紧别人的步伐，不想落在别人身后

B. 问别人有没有捷径，更想直接跟别人抄近道

C. 先坐下来休息，看看风景，体力恢复一些后再继续爬

D. 宁可步子放慢也要坚持爬上去

7. 你相信命运天注定吗？_____

A. 相信，有时候会算命，因为很多时候人不能把握自己的走向

B. 不信，要靠自己努力

C. 如果周围人都信，那么我也且信吧，免得使自己被鼓励

D. 哪有那么多时间想这些，有很多正经事要做

8. 如果你的工资不高，但你又喜欢消费，那么你会_____

A. 期望找个有钱男人（女人）

B. 克制自己的消费欲望，量入为出

C. 努力挣钱，凭什么别人可以消费我就不能

D. 买自己特别想买的物品，其他消费支出都可以控制

9. 如果可以回到古代，你希望自己是_____

A. 开国皇帝

B. 能征善战的先锋将军

C. 管理国库的账房先生

D. 贤明尽职的丞相

10. 如果你的另一半把你看作可以相守一生的人，你会_____

A. 感到无形的压力，毕竟自己还年轻

B. 感到欣慰

C. 想办法给他（她）幸福

D. 趁热打铁早点结婚，免得夜长梦多

11. 你每天早上起来_____

A. 感到睡眠不足

B. 精力充沛

C. 主动和家人问好

D. 满脑子都是手头急需完成的工作任务

12. 假如你是一名士兵，在执行危险任务时，你会_____

A. 身先士卒

B. 听从长官吩咐

C. 宁愿转为文职，也能做贡献

D. 承担自己看似完不成的使命

13. 你看一本书，因为工作或生活的原因，断断续续地阅读，你会_____

A. 集中抽出一段时间读完

B. 看来读完是没希望了

C. 摘取对自己最为有用的部分，提高阅读效率

D. 坚持读完

14. 排队打饭，如果有人想在你的前面或者别人的前面加塞，你会

第五章
论核心素质——优秀与平庸的分水岭

A. 制止

B. 看这个人是谁

C. 向他说明道理

D. 默不作声

15. 如果你在商场买东西，受到了店员的怠慢，你会_____

A. 冷嘲热讽，然后扬长离去

B. 善意提醒店员，希望对方换位思考

C. 只管挑选物品，然后要求换一店员服务

D. 感化对方，留下名片，让对方羞愧

16. 你投诉楼下物业管理处时，遭到对方的狡辩，你会_____

A. 火冒三丈，以不交管理费来威胁对方认错

B. 找出对方软肋，叫对方没法再争辩

C. 很长一段时间放在心上，直到管理处彻底解决该投诉

D. 化敌为友，叫对方认同自己，然后主动想办法处理所投诉事情

17. 你借给朋友一本书，朋友还回来后你发现少了撕掉了好几页，你会_____

A. 幽默地说："我支援给你一支部队，你送回来的时候损兵折将，看来战况惨烈啊！"

B. 直接问他："这几页怎么不见了？"

C. 要求他重新赔一本新的

D. 皱皱眉头，然后将书放在一边

18. 你的邻居家中近来经常开派对，半夜里狂欢，使你睡不着觉，你会_____

A. 用耳塞听音乐，慢慢进入梦乡

B. 敲邻居门，友好地提醒："我当然乐见你们玩得开心，只是希望不要经常在半夜里。"

C. 马上拨打电话叫警察来

D. 先搬到朋友家住几天

19. 你的好友在公众场合当着你的面说了些不利于你的话，你会_____

A. 保持克制，私下质问

B. 马上反驳，因为朋友太不给面子了

C. 不太在意，因为你相信大家是有辨别是非水平的

D. 现场接话："不管你说的对不对，首先还是要非常感谢你给我提出意见……"

20. 你在生活中＿＿＿＿

A. 有时候会因没达到个人目标而沮丧

B. 随遇而安

C. 希望比别人过得更好

D. 遵守约定俗成的习惯

21. 假如你的顾客询问你有关公司品牌文化的问题，你仅知皮毛，你会＿＿＿＿

A. 如实回答自己知识很少，把知道的告诉顾客

B. 装作非常熟悉的样子，以防止顾客流失

C. 回答你认为熟悉的知识，然后快速转移话题

D. 快速叫同事来帮你解围

22. 当顾客跟你聊天中，犯了常识性错误，你会＿＿＿＿

A. 快速指出来，然后继续聊下去

B. 婉转地纠正，然后转移话题

C. 不去纠正，然后让客户尽兴聊天

D. 幽默地指出错误

23. 顾客在最后关头开始做放弃购买念头，你会＿＿＿＿

A. 倍感沮丧，重新寻找顾客

B. 加紧游说，帮助顾客做决断，提出优惠办法

C. 改变策略，指出今天不买的损失，欲擒故纵

D. 保持微笑，转开话题聊天，递送名片

24. 当你向一个人表达爱意后，对方委婉地拒绝了你，你会＿＿＿＿

A. 当作好朋友，继续保持联系

B. 表示先做朋友，然后想方设法感化对方

C. 坚持到底，决不放弃

D. 扭头离开，以后最好成为陌生人

25. 顾客跟你说："太贵了，能不能便宜点?"，你会_____

A. 同意他的说法，同时说出贵的理由

B. 判断这个人可能不是你的准客户

C. 表示"关键看您喜不喜欢，如果不喜欢，再便宜也不会动心，喜欢的东西才有价值。"

D. 表示"如果喜欢的话，可以帮您申请折扣或其他优惠。"

26. 当顾客夸赞你漂亮或者气质很好时，你会_____

A. 微笑，说声"谢谢"

B. 对顾客说"您可别开玩笑了，我哪能跟您比呢?"

C. 进一步问顾客："您能说得具体一点吗?"

D. 非常开心，同时说"借您的吉言，今天我很乐意为您服务。"

27. 面对一个急躁、武断的顾客，你会_____

A. 稳住他，快速开展销售

B. 按标准化流程为他服务

C. 底气十足，同时加调整个人语速

D. 让同事配合，快速开展销售

28. 面对一个行动散漫的顾客，你会_____

A. 聊天，激起对方兴趣，愉快沟通

B. 控制节奏，控制话题

C. 叫同事配合

D. 快速挖掘对方需求，推荐产品

29. 顾客透露也在考虑你的竞争对手的产品，你会_____

A. 马上说出对手真实的缺点，直接刺激顾客

B. 重点介绍本店铺产品或品牌优势

C. 仍然保持微笑，挖掘顾客的关注点并帮助分析

D. 竭尽全力想办法让他购买本店铺的产品，绝不能将顾客拱手让给竞争对手

30. 当顾客向你说"朋友买过你这儿的东西，感觉一般"，你会_____

    A. 表示"每个人都有自己的喜好，但我敢保证我们这儿的产品品质是没问题的。"

    B. 询问对方买的什么，感觉一般的原因，然后给予针对性地解答

    C. 告诉他"可能是其他同事卖的，要是我，会给他挑个满意的。"

    D. 问顾客的朋友姓名、购买日期，然后查询售货记录

31. 朋友告诉你晚上20：00在你家等他，他要从你那儿取一份重要文件，而你恰恰又要出去约会，你会_____

    A. 建议他改天吧

    B. 只好等他，然后打电话告诉另一半推迟约会

    C. 直接提前给他送过去，以免耽误约会

    D. 不情愿地等他，同时心里烦躁

32. 你认为在工作中，最要紧的是_____

    A. 有明确的目标

    B. 比别人加倍努力

    C. 说了就要做到，要么干脆不说

    D. 开心，心情舒畅

33. 你做一项决定时，你会_____

    A. 参考别人的意见，如果多数人反对，则先搁置或放弃

    B. 虽然会听取别人的意见，但不怕一意孤行

    C. 听取别人的意见，然后逐个说服对方支持自己

    D. 一旦做出决定，马上就去落实

34. 如果每天的作息时间由你自己完全做主，公司不会扣钱，你会_____

    A. 每天仍然按时到公司

    B. 有事的时候会晚去，但会提前跟公司打招呼

    C. 每天提前到公司，坚持打卡

    D. 迟到了就主动加班

第五章
论核心素质——优秀与平庸的分水岭

35. 你工作上遇到烦心事的时候,你会_____

    A. 向家人、朋友倾诉

    B. 找出原因,才能安心

    C. 不想告诉别人,一个人承受

    D. 唱歌或聚会,忘掉不愉快的事情

36. 你手头有重要的工作,而同事过来想找你倾诉,你会_____

    A. 告诉他很忙,说声抱歉没有时间

    B. 暂时放下手头工作,听他倾诉,安慰他

    C. 先忙工作,然后回过头来找他

    D. 告诉他"我也有一大堆烦心事呢,同病相怜。"

37. 你在开会时,家人来电话,你会_____

    A. 拒听,会议结束后回拨过去

    B. 接听,然后告诉家人正在开会

    C. 走出会场接听

    D. 拒听,回家后告诉家人自己经常开例会的时间段

38. 你看一本书,每页都会有一两个错别字,但书的内容很生动,你会_____

    A. 心情受到影响,抱怨这本书的印刷商不够细致

    B. 容忍这本书的错别字,然后继续读下去

    C. 直接把这本书扔到角落里

    D. 把错别字标出来,然后改正,好让其他人阅读时方便

39. 卖东西时,你喜欢_____

    A. 借助同事的力量

    B. 相信自己,依靠自己的力量会做得更好

    C. 给自己定一个任务额,卖起来才有劲

    D. 观察同事怎么卖

40. 老顾客喜欢_____

    A. 向你咨询最近有什么新产品上市

    B. 到店里直接点名要你服务

C. 你推荐的产品

D. 跟你聊天

41. 当你越来越多地从事管理，而不是直接销售，但你承担的销售目标更重，你会_____

A. 担心同事们的销售能力可能会影响到自己的业绩达成

B. 心里不踏实，还是主动上阵能完成更多销售额

C. 给同事们支持，希望他们能帮自己完成总体目标

D. 认为这是锻炼自己、个人成长的机会

42. 如果让你选择一个不同于现在的职业，你会喜欢做_____

A. 会计

B. 研究人员

C. 军师

D. 将军

E. 飞行员

F. 火车司机

G. 运动员

H. 家庭主妇/家庭主男

I. 明星

43. 你有未来5~10年的人生目标吗？_____

A. 太远了，什么事情都会变

B. 有的，我知道自己想要做什么

C. 先把握好现在，珍惜现在拥有的工作

D. 有的，但很难实现

44. 你喜欢哪一方面的书_____

A. 小说或诗歌、散文

B. 销售或管理类的书籍

C. 凡是对个人现阶段发展有帮助的书

D. 不喜欢看书

45. 如果你的一个同事总是喜欢钻空子，你会_____

A. 疏远他

B. 告诫他

C. 设法改变他的想法

D. 建议他离开这个团队

46. 你相信鬼神吗?

A. 宁可信其有,不可信其无

B. 鬼才相信

C. 生活太累了,或不如意的时候,也会去烧香拜佛

D. 更愿相信自己

47. 对于无端冤枉自己的人,你会_____

A. 非常恼火,恨不得揍他一顿

B. 压下怒气,逐条解释

C. 严厉驳斥,然后离开

D. 不怕被冤枉,用事实证明

48. 假使你一个人深夜里走在荒凉的山坡上,你有能力克服恐惧吗?

A. 试着唱歌或哼着小调来消除恐惧

B. 心里想着事,加快步子,赶快回家

C. 不回头看,一路快走

D. 边走边打电话给家人或朋友赶快来接自己

49. 在大街上或商场中,看到你认识的人,你会_____

A. 不会主动打招呼

B. 主动过去打招呼

C. 除非是关系较好的朋友或熟人,才会打招呼

D. 当作没看见,继续和身边人有说有笑

50. 当你在工作时,旁边人却嬉笑打闹,你会_____

A. 斥责他们不要大声吵闹

B. 感到恼火,却又无可奈何

C. 提醒他们注意影响

D. 用棉花或纸团塞到耳朵中，继续工作

51. 当有人辱骂你的朋友或家人时，你会_____

A. 臭骂对方一顿

B. 拉着朋友或家人赶快离开

C. 微笑着回击

D. 上去踹他两脚，或者干脆报警

52. 你最讨厌_____

A. 做事马虎的人

B. 没有目标、浑浑噩噩过日子的人

C. 自卑、胆怯的人

D. 工作中投机取巧、生活中爱耍小聪明的人

53. 当有人突然在你身后跳出来时，你会_____

A. 吓一跳，然后有些生气

B. 吓一跳，然后浑身放松

C. 警告他下次别再这样了，一点都不好玩

D. 反应迟钝

54. 当你与某人发生争执时，你会_____

A. 一天心情都不好

B. 很快忘掉

C. 以后不想跟这个人来往

D. 如果发觉自己错了，找个时间向他道歉

55. 在完成同一项任务中，如果有人故意刁难你，你会_____

A. 干脆辞职，不受这份窝囊气

B. 向上司或其他领导投诉，说明原因

C. 以怨报怨，也故意找对方的茬

D. 受到影响，但在适当的时候会直接向对方或领导提出该问题

56. 如果你错怪了别人，事后想起来，你会_____

A. 感到内疚、过意不去

B. 顶多道歉，然后忘记

C. 用另一件事情弥补，并让对方感受到诚意

D. 敞开心扉与之沟通，取得谅解

57. 在生活中，你喜欢或渴望的运动是_____

A. 蹦极、滑雪、跳伞或开滑翔机等具有挑战性的运动

B. 划船、散步、听音乐等舒缓性的运动

C. 爬山、游泳、骑单车等运动

D. 看书、看电视或其他

58. 在常见的历史或小说人物中，你更喜欢_____

A. 周恩来

B. 唐僧

C. 曹操

D. 秦始皇

59. 你常常感到疲惫，是因为_____

A. 手头工作太多，感到时间不够

B. 家人或伴侣唠叨，烦心

C. 个人知识太少，工作吃力

D. 部分同事只说不做，你又不愿意去指责

60. 你认为人的一生应该_____

A. 吃苦在前，享受在后

B. 能吃苦也能享受

C. 在挫折中前进，从哪儿跌倒就从哪儿爬起来

D. 珍惜时间，少说空话多做实事

61. 墙上的画歪了，你_____

A. 会有将它扶正的冲动

B. 如果是在别人家，就会善意提醒

C. 不觉得是件什么大事

D. 一定要将它扶正，不然看着难受

62. 在购买过程中，女顾客的丈夫一直抱怨说女顾客挑选的不好，你会

A. 建议男顾客来挑选

B. 为女顾客解围,表示"女顾客的眼光很特别,戴上去也蛮漂亮的。"

C. 示意同事过来配合,既要该男人选定产品,又要哄女顾客开心

D. 不理会该男人,继续为女顾客介绍产品或推荐试戴

63. 跟别人聊天时,你的声调通常_____

A. 比较柔和

B. 高亢热情

C. 不卑不亢

D. 低沉

64. 若顾客谈到你不感兴趣的话题,你会_____

A. 坚持与之聊下去,以免顾客尴尬

B. 从中寻找乐趣,然后再抓紧机会转移话题

C. 保持微笑和聆听,时不时地点头或简单说出自己的看法

D. 如实相告,然后转移话题

65. 你倾向于跟什么样的人走在一起_____

A. 可以做你老师的人

B. 能带给你财富或好运的人

C. 上进的人

D. 自己

66. 你愿意生活在一个_____

A. 充满机会和挑战的城市

B. 安静美丽的乡村

C. 能快速成长的地方

D. 一个小镇上

67. 你喜欢_____

A. 跟数字、报表和报告打交道

B. 跟各色各样的人打交道,充实自己的人脉关系

C. 跟顾客打交道,好多挣钱

D. 做些研究工作

第五章
论核心素质——优秀与平庸的分水岭

68. 遇到困难时，我一定会_____

A. 自己拿主意，就算错了也不会后悔

B. 让朋友帮忙

C. 动用周边一切可动用的朋友、客户关系

D. 坚持熬过去

69. 你的哪种能力更强_____

A. 个人销售能力

B. 团队销售管理技巧

C. 服从意识和执行力

D. 对工作的责任心

E. 情绪控制能力

F. 倾听和说服的能力

G. 目标的最终完成能力

70. 你认为销售成功，以下哪个因素最重要_____

A. 信心

B. 硬性任务的逼迫

C. 沟通技巧

D. 针对不同顾客采取不同的销售策略

71. 在与顾客交谈中，你会_____

A. 多问多说，影响顾客的选择和购买行为

B. 聆听顾客说什么，抓住顾客的软肋或关注点来推销

C. 快刀斩乱麻，一旦发现非准客户，则马上重新寻找潜在顾客

D. 让顾客感到开心，进而鼓动顾客购买产品

二、多选题 Ⅱ

72. 你选择做销售是出于_____

A. 赚钱的考虑

B. 喜欢与客户交流

C. 可以锻炼自己

D. 家庭的压力

73. 你的销售技巧常常被_____

A. 同事羡慕和请教

B. 领导指出还有较大的改进余地

C. 客户认可和愿意在你的说服下购买产品

D. 同事帮助和提升

74. 你的销售业绩_____

A. 排在团队前列

B. 起码可以接近或达到销售任务

C. 不是太理想

D. 距离目标还有很大差距

75. 如果公司组织培训活动，你对培训的看法是_____

A. 可以适当培训，但不能太频繁

B. 是一个学习和成长的机会

C. 如果能提升团队或个人的销售技巧，多赚钱当然乐意

D. 关键看是否对目标任务的完成有帮助

76. 领导对你在工作的表现公开提出批评时，_____

A. 如果批评得正确，那就接受

B. 最好能找个时间或场合，与领导二次沟通，以知道自己具体错在哪儿

C. 即便是受到一些委屈，也不想与之直接发生冲突

D. 接受批评，马上行动，保证不会犯同样的错误

77. 因为你当月的业绩好，薪水也高，可是同事获悉后却冷嘲热讽，你会_____

A. 坚信自己应得这笔钱，因为是自己的努力换来的

B. 安慰同事，尽可能赢得同事的信任和理解，毕竟以后还要在一起工作

C. 找个时间请大家吃顿饭或者在合适的场合主动埋单，努力和同事们打成一片

D. 没有时间去理会，还在思考如何完成下个月的销售任务呢

78. 当下个月你领到的销售任务超过你的想象，比你预期的要高很多，你会_____

第五章
论核心素质——优秀与平庸的分水岭

A. 感到非常困难,但还是硬着头皮接受

B. 把销售任务分解到每周甚至每天,和同事们一起努力完成个人和团队的销售任务

C. 和领到沟通,看能否适当降低销售任务

D. 相信可以完成,因为已经习惯了

79. 当你所在店铺的销售业绩突然大幅下滑时,你会_____

A. 判断可能是整个市场行情的影响

B. 做市调,考察竞争对手的销售策略和人员素质

C. 感到焦虑,但个人销售任务无论如何也要完成

D. 即便市场低落,个人销售业绩也要排在店内前列

80. 你工作太累了,工作中还经常遇到一些烦心事,你会:

A. 找个时间好好放松一下

B. 回家洗个澡,好好睡一觉,第二天就会好很多

C. 脾气变得有些暴躁,毕竟自己是人,不是神

D. 感到疲惫和不满,希望放个长假缓和一下

81. 你今年的目标是_____

A. 设定一个赚钱的目标额

B. 通过努力实现晋升

C. 借助公司公司平台努力学习成长

D. 积累足够的人脉资源,为人生追求做准备

三、判断题

82. 你的本能告诉你:你不必保持睿智、冷峻的一面,以免影响他人对你的第一印象。

83. 你最看重幸福和家庭和睦。

84. 你平易近人,同事、朋友愿意向你倾诉心事。

85. 你喜欢跟小孩在一起玩。

86. 你不喜欢在两性关系中占据主动地位。

87. 你不会直接反驳别人的观点。

88. 你习惯性的休闲方式是全家人游玩消遣,而非二人世界的浪漫。

89. 同事或朋友常常羡慕你厨艺棒。

90. 不少顾客夸赞你亲切可爱。

91. 你总倾向于顾虑别人的感受。

92. 别人常夸赞你的身材好。

93. 别人常夸赞你的皮肤好。

94. 别人常夸赞你长得漂亮（帅气）。

95. 你参加 Party（聚会/舞会），通常不会表现得很 High（兴奋）。

96. 你喜欢微笑。

97. 同事们说你说话声音好听。

98. 即便有时在利益上吃点亏，你也不愿意跟对方争吵。

99. 同事们会夸你的脾气很好。

100. 你愿意和别人聊天，但多数时候是别人在说。

101. 你追求内心平静，而不是野心勃勃。

102. 你总能掩饰自己的情绪变化，即便你讨厌站在你面前的人。

103. 你之所以在某件事上说谎，是因为别人也在说谎。

104. 你没有向伴侣、家人、朋友、顾客等发过誓，因为发誓没有任何意义。

105. 面对钱的诱惑，你从不心动，因为现在的老板或上司待你不薄。

106. 面对帅哥或靓女，你不会想入非非，因为你不能对不起自己的另一半。

107. 你不会埋怨公司的不公，因为你相信公司会逐步改善管理的。

108. 你在每家公司工作都超过一年以上。

109. 你既不贪财、贪色，也不贪吃、贪玩，你全心扑在工作上。

110. 在很多事情上，其实你比别人更聪明，也更善于掩饰自己。

111. 你比别人高明的地方在于擅长虚晃一枪，套出对方的真话。

四、看图做题，根据题目要求，只需用一句话陈述选择理由

112. 判断图中人物的角色

第五章
论核心素质——优秀与平庸的分水岭

A. 跳水爱好者，理由：

B. 跳水运动员，理由：

C. 泥瓦匠，理由：

D. 减肥者，理由：

113. 判断图中的场景

A. 在森林中开派对，理由：

B. 结婚，理由：

C. 准备参加宴会，理由：

D. 在森林舞会上，理由：

114. 请将下述 7 个工作环节按先后顺序排序

| 计划推进 | 分工安排 | 工作计划 | 奖惩 |
| 会议总结 | 检查进展 | 梳理思路 |

①计划推进②分工安排③工作计划④奖惩⑤会议总结⑥检查进展⑦梳理思路

重新排序：

_____

115. 请将下述 8 个模块归为两大类

| 销售管理 | 行政管理 | 货品管理 | 人事管理 |
| 财务管理 | 督导管理 | 品牌管理 | 形象管理 |

①销售管理②行政管理③货品管理④人事管理⑤财务管理⑥督导管理⑦品牌管理⑧形象管理

	类别名称	选项（序号）		
第一类				
第二类				

116. 请在下述概念文字中，找出直接属于营运管理体系的概念。

| 经验 | 制度 | 记录档案 | 表单 |
| 作业指导 | 流程 | 培训 | 策略 |

①经验②制度③记录档案④表单⑤作业指导⑥流程⑦培训⑧策略

第五章
论核心素质——优秀与平庸的分水岭

营运管理体系基础概念（填写序号）：

_____

117. 请在下述文字描述中，找出工作计划的基本构成要素。

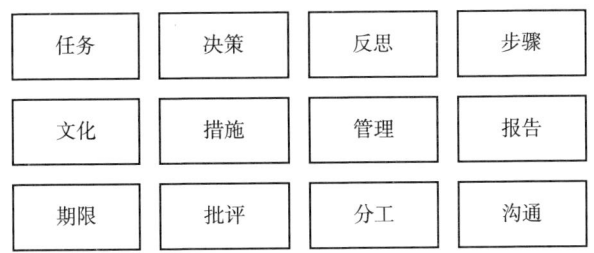

①任务②决策③反思④步骤⑤文化⑥措施⑦管理⑧报告⑨期限⑩批评⑪分工⑫沟通

工作计划基本构成要素（序号）：

_____

118. 请判断下图人物表情，并说明理由。

A. 男人害怕，小孩在哭，理由：
B. 父亲作秀，小孩在哭，理由：
C. 父亲尴尬，小孩在哭，理由：
D. 男人做鬼脸，小孩在哭，理由：

119. 请分析下图想说明的主题。

111

A. GDP（经济总量）和房价都在增长

B. GDP 增速比不上房价涨幅

C. 人们在挥手跟商品房告别

D. 人们在看房价未来会涨多少

120. 根据下图，选择最可能马上联想的内容

A. 这头驴子真笨！

B. 取长补短，勤勉好学

C. 学会赞美别人

D. 须有知人之明、自知之明

第五章
论核心素质——优秀与平庸的分水岭

五、多选题 Ⅲ

121. 如果你与甲共同竞争一个经理岗位，写竞选稿的时候，甲向你借一本管理书作为参考，_____

　　A. 简要浏览一下，然后借给他，并告诉他书中的哪些章节或观点值得学习

　　B. 要权衡是否会对自己产生不利影响

　　C. 如果该书成本不是太高，可以做个顺水人情，送给他

　　D. 迅速阅读该书，并分析判断该书可能对其在竞选稿写作中起到的帮助，然后再借给他

122. 与不同身份的人讲话，你常常会_____

　　A. 投其所好，达到自己的目的

　　B. 吸取对方有益的观点或方法，为己所用

　　C. 让对方感到愉悦，给对方一个好印象

　　D. 喜欢说服别人

123. 在工作中，你的上司总倾向于把最难的任务交给你去做，你认为_____

　　A. 给自己锻炼成长的机会

　　B. 绝不能辜负领导对自己的信任

　　C. 承担重担的同时，更要努力化解其他同事的嫉妒或嘲讽

　　D. 需要跟上司开诚布公地讲一下自己的微妙处境

124. 生活在现实中，你认为_____

　　A. 不断地看书、参加培训才能快速成长

　　B. 需要丰富的人脉资源才能有助于成功

　　C. 没有专业的素质和娴熟的技能一定会缺乏赚钱的能力

　　D. 应该有一个理想化的目标

125. 你的个性使你倾向于_____

　　A. 主动与人交往

　　B. 把完成目标当作一种成就感或乐趣

　　C. 做个有人缘的人，不轻易得罪人

D. 制定个人学习计划，超越同事

126. 你计划一年内结婚，结果总是事与愿违，有太多俗事耽误了，而你的另一半也倍感歉意。但是你不想再拖了，那么你选择_____

A. 咨询另一半的意见，或家人的意见

B. 坚持年底前完婚，不管遇到什么困难

C. 与另一半促膝长谈，劝他尊重和支持自己的决定

D. 想办法让另一半比自己还急，主动提出年底完婚

127. 对自己想要得到的东西，你会_____

A. 一定想办法得到

B. 利用朋友资源帮助自己得到

C. 努力储备所需要的知识和技能

D. 说服或者影响身边人的替自己买回来

128. 当顾客说"我考虑一下"的时候，你会说_____

A. 可不可以了解一下，您要考虑哪一方面呢？是产品品质、价格还是售后？说不定我可以帮到您

B. 您能告诉我，对哪方面还不满意？我愿意为您解释

C. 您只要对这款产品满意，想买下来，告诉我还顾虑什么，我们一起想办法

D. 可以，这是我的名片，随时都可以联系到我，非常感谢您对我的照顾，您能赐一张名片或联系方式给我吗？

129. 遇到杀价顾客，你会_____

A. 强调顾客是否喜欢，照顾顾客的心情

B. 强调产品品质和性价比

C. 强调售后承诺和保障，表示以后还期待对方介绍朋友来店消费

D. 强调产品给顾客带来的利益

130. 在销售中，非常重要的环节和技巧是_____

A. 真诚的赞美

B. 判断顾客的购买能力和需求

C. 把从培训或书本上学到的优秀技能进行应用

第五章
论核心素质——优秀与平庸的分水岭

D. 帮助顾客计算利益得失,动摇顾客抗拒心理

六、情景题

131. 假使你是某店店长,手头有七件工作等着你处理:

①员工递上休假申请单,希望下周休年假;

②员工乙和丙发生争执,被其他员工劝开,有员工向你做了汇报;

③当天下班前必须向公司提交促销方案;

④一客户来店投诉,员工处理不了,打电话向你求助;

⑤员工丁想调到早班工作;

⑥总部下发人员形象整改通知,指出你店人员形象有六处不合格,七天后复检;

⑦老板打电话给你,想约你和另外两位店长今天晚上聚餐。

请对以上工作事项进行排序:_____

备注:上述试题涉及的漫画等图为网络获取,图片传播中失去渠道原始来源等基本信息,仅为研究用途借用,联系不到原作者,在此向原作者表示感谢,敬请谅解。

上述测评题背后的测评指向包括进取心、行动力、信心、学习力、敬业精神、认真性、纪律性、抗压力、挑战意识、亲和力、沟通能力、人际关系能力、分析判断力、管理素养、管理思路条理性、诚信意识十六个具体测量维度。评价与分析技术中非此即彼的封闭式判断是一个大的技术漏洞,之所以设置大量的多选题,主要是规避非此即彼的单选带来的效度及信度偏差。

测评需要通过相当数量样本的比较,才能更好地纠偏准则效度的偏差问题。由于当时对样本的调研及关键素质项推导,假定进取心、行动力等为核心素质,并没包含意志力或意志力相关描述(如毅力、定力等),在后续不断地研究、实验验证过程中才将意志力纳入核心素质范畴。

通过多年的测试检验,无论是客观量表测验题还是投射测验题,包含了企图心、行动力、意志力等核心素质的胜任力模型,对面试录用、内部提拔人才具有实际的数据化比较参考意义。

包含核心素质在内的胜任力管理,用途主要集中在人力资源领域,如作为职位说明书组成部分、招聘面试录用标准、培训提升依据、潜能开发机

会、内部提拔参考，鉴于企图心、行动力、意志力处于核心素质的最底层位置，且属于其他素质潜能开发的原始牵引力，测得一个人的企图心、行动力、意志力分值，和测量标尺的刻度对应比较，有助于判断该人选的材质及发展潜力，精准引进、聚集和重用一批优秀与高潜人才。

组织选人用人，应结合素质甄别与成功案例核实情况，积极发掘绩优和高潜人才，始终与优秀者为伍，搭配组队，远离绩差和材质平庸人才。对于管理人选的引进或晋升，企图心不强、行动懈怠、意志力薄弱三者中前两者只要有任一项素质差强人意则不必录用或提拔，意志力薄弱的人不可定岗为业务单位关键管理岗位（即组织绩效责任人）。

术语解释：

冰山理论：心理学家麦克利兰于 20 世纪 70 年代提出冰山模型，关于能力素质的理论。

优秀人才：业绩突出、组织内排名前列的人才群体，属于高投入高产出或低投入高产出人才。

高潜人才：工作意愿度高、进取心强，愿意挑战目标，企业通过思想启蒙、教练孵化有机会转变为优秀人才的潜质较高的人才群体。

普通人才：现实能力、潜能处于平均水平，思维方式常规化，在组织中业绩一般居中的人群。

胜任力：胜任某个岗位或某项工作的人的能力素质综合。

核心素质：冰山模型中冰山以下部分，包括动机、特质、自我认知、价值观等。

素质模型：胜任某种角色所需要的能力素质要素有机组合，涉及抽象维度及具体测量维度的融合反应。

潜能：一个人潜在的能量，主要由个体动机、特质、自我认知、价值观等因素作用所孕育的能量。

抽象因子：概念性因素或成分，难以被测量。

测量因子：定义明确、内涵有边界的因素或成分，能够测量出概念性因素或成分的程度。

第五章
论核心素质——优秀与平庸的分水岭

中高级管理人才：公司总经理、财务负责人、副总经理、董事会秘书、一级部门负责人、各级业务管理骨干（承担组织绩效）、管理总监。

心理测验：量化心理特征，比较衡量个体差异的科学测试方法。

客观量表测验：预设答案和转化为分值，以选择题、判断题为主要题型的量表测试方法。

投射测验：通过模糊无特定意义的图片、模糊颜色组合等形式，激发受测者情绪化反应，从而挖掘个体隐秘而真实的动机、特质、自我认知、价值观等，常见的投射测验包括罗夏墨迹测验、主题统觉测验、房树人测验。

结构效度：指测验分数能够说明心理学理论上的某种结构或特质的程度。

内容效度：指测验题目对欲测的内容或行为范围取样的适当性。

准则效度：指测验分数与效度标准的一致程度。实际测量结果可以在测量标尺上对应刻度值且有意义。

信度：对同一受测者重复测量的结果稳定程度，代表测量结果的可靠性。

职等：工作内容不同，但职位级别及责任、工作难度系数相近的职位集合。

职级：管理水平或专业水平分层后的级别，管理职级与管理水平相关，技术职级与专业水平相关。

职族：工作性质和工作内容相近，能力素质要求相似的职位集合。

核心管理岗位：类同关键管理岗位，对企业的生存或发展起到支撑、牵引或推动作用，承担组织绩效的管理岗位。

职员：在组织内铨叙的员工，非操作层级。

第六章

简论核心人才供应、衔接与继任问题的根本性解决举措

组织出成效靠整体团队的努力,更靠核心人才的突出表现。核心人才供应速度、核心人才异动期间的工作衔接、主要管理干部继任等系列问题,处理不好就会演变为阻碍企业发展的瓶颈。企业核心人才的"选、育、用、留、退"管理,成为人才发展的主要工作内容之一。干部懒政、管理断层、储备不足,这三种通病困扰大多数企业很长时间甚至企业的全生命周期。包括高级管理者在内的核心人才的综合素质对团队整体素质有着极大影响,无论从外部招募还是内部选拔、留用,团队身上深深地刻上企业文化和高级管理者用人理念的烙印。

人才布局的混乱或薄弱,以及资源投入决心和能力不足,终将是不知哪一刻"爆雷"的重大隐患。对企业经营管理起到至关重要作用的核心人才的供应、衔接与继任变革,能否作为人才布局和人才资源投入的主要切入点,关乎企业未来命运。研究提出:内部调剂人才预算投入,以较强的薪酬竞争力吸引优秀人才加盟,以及灵活运用分配和竞争杠杆加快内部人才流动,从而实现核心人才的有序供应、衔接与继任。

第一节 理论假设与简要阐述

企业家和高级职业经理人的事业雄心及经营管理思想从根本上影响企业

第六章
简论核心人才供应、衔接与继任问题的根本性解决举措

的发展方向和节奏。企业核心人才的选、育、用、留、退思想及政策，正是企业家和主要决策群体思想理念的延伸。

一、外部引进核心人才

关于核心人才的引进，应配合公司的发展设想，若公司业务扩张较快或有其他战略意图（如品牌招商、收并购、登陆资本市场等），招募优秀人才给梦想、给事业、给平台，给钱给到位，不妨以高于市场薪酬中等分位的薪资定薪，设法满足优秀人才的个性化需求，除此之外还应梳理和列出核心人才储备需求清单，未雨绸缪，积极储备核心人才以便及时补位。

二、内部培育核心人才

关于核心人才的培育，首先应收缩资源，集中解决"发掘培养高潜人才并输出转化为绩优人才、确保核心人才梯队相对充裕和有序补位"两大问题，其次通过输出合格人才解决"业务团队从经验性操作到标准化作业"的问题。

三、任用核心人才

关于核心人才的任用，关心和激励最有前途的员工，鼓励"内部发掘—举荐—竞聘"和跨单位晋升调动，同时给予信任和授权、鼓励合理化提案，拓宽人才的内部流动渠道和加快人才的内部流动速度，尤其需要简化审批流程、大幅缩短晋级/晋升周期。

四、持续保有核心人才

关于核心人才的持续保有，秉承大胆分配、慎重配股、激励到位、快速兑现激励的理念，充分运用"名誉—荣誉"、"提成—奖金—分红、定调

薪—弹性福利—晋级晋升、特别奖励"等分配杠杆，让优秀人才愿意留下来且充满激情和彰显奋斗精神。

五、核心岗位人员的退出

关于核心岗位人员的退出，提前设计好竞争杠杆，设计和输出"业绩排名PK、荣誉争夺、代岗（代理岗位）试用机会、管理轮值或对调机制、竞聘机会、目标/任务同步或轮番挑战、职业生存危机压力"规则，鼓励绩优、高潜人才脱颖而出，暴露庸材、劣才的致命短板，通过内部机会/岗位/薪酬等资源的再分配让庸才、劣才出局或被边缘化。

人才流失率逐年上升或居高不下的问题，从根本上还是要通过利益杠杆解决，先稳住和激励核心人才，从而扩展到稳定员工团队。对于绩优和高潜群体的流失风险，逐一解决个体的思想波动和利益需求；对于合格员工的流失风险，从整体衡量和缓解员工短期内批量流失的压力。

上述为关于核心人才供应、衔接与继任的大胆设想，在人才投入和产出激励方面，敢舍敢投入敢突破，鼓励核心人才挑战极限目标。核心人才供应、衔接与继任的核心思想为：在自由流动的人才市场，若想吸引或留住核心人才，只有用利益杠杆（分配杠杆/竞争杠杆）撬动人性阶段性满足其阳光下的欲望（私利/贪念），方才有效；通过多次机会考察发掘绩优人才、高潜人才，励其脱颖而出，大胆擢晋使用。

第二节　企业的人才通病和发展隐患

一、中小企业、大公司的人才发展通病

无论中小企业还是大公司，在人才队伍的壮大发展过程中不可避免产生诸多问题。基层管理者的其中一个责任就是发现和逐一解决问题，但对于高

第六章
简论核心人才供应、衔接与继任问题的根本性解决举措

级管理者或者企业决策人而言不能被成百上千个表象问题所迷惑而陷入迷宫去寻找解决之道，分析问题产生的深层原因，找到共性问题的症结和根本性解决方案才算合格履职。

企业的人才发展一般存在"干部懒政、管理断层、储备不足"三种通病。这三种通病折磨着绝大多数公司，阻碍其战略意图的实现。很多时候，高级管理者或者企业在人才发展决策时选择性不去深入分析和追根溯源，认为揭开盖子后无法面对或无决策意愿及能力面对。

第一种通病，意识问题，懒政思想作祟。核心管理团队的事业激情、担当勇气、危机意识非常不足，日常决策及责任依赖性较强。市场拓展及各运营项目负责人对于编制、定调薪等新增成本的来源不清晰，编制及成本持续高筑，经营意识不强，问题层层向上传递，责任心及胜任力堪忧。

第二种通病，衔接问题，管理断层。业务板块高级管理者由于角色认知错位、缺编或休假状态、管理及出差精力受限等因素制约，造成业务管理的实际把控能力薄弱和现场管理半径缩小，业务管理断层；业务板块区域负责人、项目经理、市场负责人、市场经理离职率高，在任关键岗位管理者多为司龄不足一两年的新人，年度目标、重点工作衔接被动，管理风格的变换对团队因应调整适应带来挑战。

第三种通病，储备问题，薪酬竞争力无优势。各业务板块的紧迫性不够，项目经理行动节奏拖沓，不少计划性工作拖延成紧急决策、特殊报批事项，公司更换人选决心和替补资源均不足；招聘面试项目经理人选不少但谈薪失败居多，或勉强接受定薪接offer（录用通知）后又放弃入职，或试用期另拿offer（录用通知）离开；组织内部关键岗位人才及梯队人才连续开班滚动培训能力和经费均不足，又疏于对梯队人才的后续职业生涯管理，造成内部选拔补位缺失。

第一种通病属于思想问题，不解决核心管理团队的思想问题，整个企业的经营管理水平必然处于较低层面，有可能出现企业创始人或企业最高决策人负重坚忍经营局面；第二种通病与业务管控模式及管控层级设置、人才内部流动性瓶颈有深层逻辑关系，单靠外部招聘解决补位势必冲击内部人才流动性，或内部人才流动缓慢造成过度依赖外部招聘补位，形成恶性循环；第

三种通病属于人才投资问题，企业在编制及人力成本控制、人才结构优化方面难以把握天平，在企业创始人或最高决策人及高级管理者的潜意识中人力成本始终是"成本负担"，对于人才投入想做但在行动上却迈不开步子，况且还需要考虑所增加投入的资金来源及资金充裕性。

二、中小企业、大公司的人才发展隐患

高级管理者的现状素质、公司整体人才布局决心及资源投入度有可能成为人才发展的致命隐患。高级管理者及其他关键岗位管理人员的综合素质薄弱，决策智慧、目标聚焦、行动闭环力度薄弱，勉强前推运行，造成公司经营策略能力和管理效率低弱。高级管理者如果不是业绩导向、结果导向、责任导向的优秀人才，宽以待己、严以律人单方面要求中层骨干团队盯紧目标、付诸行动、拼业绩谈何容易！作为指挥大脑的高级管理者群体，其综合素质对于企业的影响绝对是致命的。多数中小企业、大公司在人才布局的关注度和决策魄力方面有所缺失，人才布局顾虑重重导致过于谨慎，对于关键岗位人才资源投入不够。具体表现为：在关键岗位优秀人才的引进和持续保有方面定调薪、政策倾斜方面不够大胆；对于关键岗位优秀人才的个性化需求（如住宿个性化需求、社保公积金异地缴纳、探亲假宽松度）相对僵化被动，难以跳出制度约束解决人才的后顾之忧；在开口引流方面招聘渠道传统有限且费用捉襟见肘；人才储备、以优秀人才替换现岗人才的人才布局战略设想有悬空的危险。

第三节 解决思路推演

一、解决逻辑

结合管理实践和咨询实践案例，明确指出三种人才发展通病（干部懒

政、管理断层、储备不足)、两大人才发展致命隐患(高级管理者的综合素质堪忧、公司整体人才布局决心及资源投入缺失),发现和确诊人才发展通病及隐患后,需要突破性思考和提出根本性解决方案,首先是找到解决逻辑。

解决逻辑:通过人工成本预算投入倾斜性调配,加快核心人才的外部引进和内部流动速度,实现核心人才的有序供应、衔接和继任。保持人工总成本一定的宽裕量,优化调配编制和调剂编制预算,舍得重金投入,用足分配杠杆(招聘渠道成本＋增量薪酬成本＋增量奖励成本＋增量晋级/晋升机会)和竞争杠杆,从而全面盘活外部优才的流入量和内部优才/潜才的升流速度,鼓励核心人才挑战目标、责任担当和愿赌服输,加快暴露、淘汰或边缘化绩效差者和平庸者。

关于资金投入:内部调剂编制预算,加大对核心人才管理的投入。在多轮编制计划审订后,保持人工总成本总量相对不变或有限调整,通过编制合并、减少普通岗位增设核心岗位等管理措施,调剂增加核心岗位人才成本预算,充实招聘渠道费用,快速兑现各种调薪/晋级/晋升/奖励。

关于人才选用:用钱、平台和事业梦想吸引优秀人才加盟,大胆提拔任用高潜人才,大幅缩短晋级晋升流程,同时用利益杠杆留用和激励核心人才,并用人才储备和竞争杠杆淘汰劣才/庸才。

二、逻辑公式

解决核心人才成本增量的渠道来源:砍编去冗⇒测算节省人力成本⇒获得可调剂的盈余资金(在调整预算的同时保留相对宽裕的人工总成本),新增招聘渠道费用及定调薪薪酬福利成本⊂可调剂的盈余资金,拥有新增定调薪薪酬福利成本⇔快速兑现各种定调薪/晋级/晋升/奖励。

在增加人才流入的同时控制人才流出:拥有充裕薪酬福利成本定薪⇒于市场获得足够的优秀人才;大胆提拔高潜人才敢于缩短晋升流程⇒高潜人才愿意留用和明显感受到激励;主动提出为之奖励/加薪/晋级/晋升⇒绩效优秀人才愿意留用和明显感受到激励;敢于及时储备人才补位和设计使用竞争

杠杆⇒劣才/庸才暴露出来被淘汰或被边缘化。

第四节　核心解决举措及配套措施

一、落地措施

落地措施如表6-1所示。

表6-1　核心人才供应、衔接与继任问题的具体解决措施一览

路径	具体步骤	具体措施
解决增量成本来源问题	梳理编制	编制评审优化，砍编去冗，算出减编人数与节省成本
	盈余资金测算	盈余资金测算，新增招聘渠道费用及定调薪福利成本测算，调剂和保证核心人才成本相对宽裕
	设计分配杠杆调配规则	设计薪酬宽带，确立定薪标准及调薪/晋级/晋升入围条件及弹性周期标准
	拓宽招聘渠道	设计和组合选择招聘渠道（拓宽中高级人才招聘渠道） 调剂费用开拓高级人才招聘渠道（包括猎头/猎聘合作）
在增加人才流入的同时控制人才流出	大胆定薪吸引优秀人才	（1）盘点人才后重新洗牌，海量吸引优秀人才迅速替代；或盘点人才后建立核心岗位AB角，有序吸引优秀人才储备见机落位
		（2）列出和每季度更新全年储备人才需求清单，根据储备人才需求招聘到位
		（3）引进核心岗位的优秀人不遗余力，面向总部及全国各区域定向或不定项管理储备，大胆定薪和满足个性化福利需求（如宿舍/交通/探亲等）
	集中培养输出合格项目经理人才、标准化专业人才	（1）区域总/业务分管领导和人力资源部共同遴选高潜人才作为储备项目经理培训考察对象，送往总部培训
		（2）集中开设项目经理和储备项目经理培训班，如：每年2~4期培训班（储备2次+现岗2次）
		（3）面向业务口开设专业队伍标准化训练班，每年将业务板块的专业人才拟队伍全部轮训一遍，强调实操技能实操训练和企业文化理念输出

第六章
简论核心人才供应、衔接与继任问题的根本性解决举措

续表

路径	具体步骤	具体措施
在增加人才流入的同时控制人才流出	快速提拔高潜人才	（1）发现发掘关键岗位梯队人才（高潜人才），列出梯队考察名单，每半年更新一次名单；关心和激励最有前途的员工（高潜人才）：指定教练，给予机会挑战，挑战成功则给予晋级或升职机会
		（2）通过机会考察发掘高潜人才，试用/代岗后提拔试用。 a. 对于领班、主管等基层人才，或在现项目缩短晋级/晋升周期（对于已转正的员工，晋升领班、主管只需3个月考察则可晋升）； b. 晋升经理需要6个月考察则可晋升，业绩突出的缩短为3个月，或鼓励跨项目、跨城市、跨区域晋升调动（先代岗后晋升，跨城市代岗晋升的，晋升考察周期不超过3个月）； c. 当岗位缺编时，优先从接受企业管理学院培训的项目经理、储备项目经理、专业人才队伍中选拔代岗，选拔时须评估候选人所参加的培训课程及培训时段、结业成绩
	主动提出为绩优人才加薪/晋级/晋升	（1）对于绩优/高潜之人大胆激励，给就一次性给到位，敢给也敢惩罚或拿下；对于忠诚稳定有一定能力之人有限激励，给予关怀、生活纾困和安全感
		（2）对于绩优人才，只要达成目标或满足奖励条件，快速兑现各种业务奖励（譬如，超额激励/市拓激励/多经激励/租售激励），创造性解决绩优人才的后顾之忧（个性化福利需求）
		（3）通过业绩评估重用绩优人才，用利益杠杆关心和激励有前途的核心人才，主动加薪/晋级/晋升（如：从经营班子/中心总/区域总/项目经理中考察发掘，能力出众，善于解决问题或业绩突出的一年内可连续两次晋级/晋升）
	设计和应用竞争杠杆，快速优化人才结构	（1）设计和应用"多经、租售、市拓、超额"奖励杠杆，设计和应用"现项目晋级晋升与跨项目晋调代岗表现、业绩排名个人PK、团队荣誉PK、管理轮值或对调、竞聘、给予挑战性目标/任务机会、危机压力"竞争杠杆，鼓励优秀人才和高潜人才脱颖而出，快速暴露和淘汰或边缘化劣才/庸才
		（2）不要在低能低效人员身上浪费时间，主动扩大人才流出口和流出速度 a. 对于绩效较差或业绩平平、解决问题能力低下的核心岗位人员，未转正的不予转正，已转正的加快淘汰或降职降薪速度（一般以3个月为限确定是否留用或边缘化，最长6个月决断）； b. 对于项目经理应淘汰或边缘化而犹豫不决且造成管理损失的区域总/业务板块分管负责人，若该区域存在2例以上此类情况则直接处理区域总，对于区域总或项目经理应淘汰或边缘化而犹豫不决且造成管理损失的业务板块分管负责人，若该业务板块存在3例以上此类情况则直接处理业务板块分管负责人

二、配套措施

（一）核心人才布局工程项目组

领导小组组长：公司最高负责人

领导小组成员：经营班子成员（公司负责人、人力分管负责人、业务板块分管负责人）、人力部门负责人（一级部门负责人）

工作组执行组长：人力部门负责人（一级部门负责人）

工作组成员：人力部门负责人、组织发展经理、薪酬绩效负责人及薪酬绩效团队、招聘配置负责人及招聘团队

（二）获取决策授权

以"公司总裁、公司副总裁、总部一级部门总经理、区域总经理、二级部门总监、项目经理、总部部门经理、项目部门主管、项目队伍领班"管理层级为例，应实现各级业务管理者、人事管理者联席决策人事任免授权。授权方式：或在人力资源权责流程上设置联席终审，或权责流程暂不变但在实际决策中授权决策，以前者为宜。

1. 入职定岗定薪及免职决策权限

执行董事、董事会或股东大会确定公司总裁、财务分管副总裁人选及薪酬安排；公司总裁把握公司副总裁、总部一级部门总经理、区域总经理人事任免终审权，人力分管副总裁前置审核和提出意见；业务板块分管负责人、人力部门负责人（一级部门总经理）获得"总监-经理"入职定岗定薪及免职联席决策权，决策错误承担决策责任；区域总经理、薪酬绩效负责人（二级部门总监）获得主管-领班入职定岗定薪及免职联席决策权。

2. 调薪/晋级/晋升及调降决策权限

执行董事、董事会或股东大会确定公司总裁、财务分管副总裁薪酬调整事项；公司总裁把握公司副总裁、总部一级部门总经理、区域总经理职位及薪资调整类人事异动终审权，人力分管负责人（公司副总裁）前置审核和

提出意见；业务板块分管负责人（公司副总裁）、人力部门负责人（一级部门总经理）获得"总监－经理"零星调薪/晋级/晋升联席决策权；区域总经理、薪酬绩效负责人（二级部门总监）获得"主管－领班"及以下人员零星调薪/晋级/晋升联席决策权。

第五节　理论假设及解决方案的价值、应用前景

若要实现职业经理人自主管理企业，股东及实际控制人退居幕后甚至产权与治权逐步分离，需要优先平衡"授权、赋能、担责、享利"的关系，努力致使权、能、责、利对等，鼓励职业经理人为股东创造更多财富，为企业发展承担更多责任。

解决核心人才供应、衔接与继任问题，观点及举措见仁见智。关于"财源""才源"的相关之解决逻辑，完全有机会从根本上解决核心人才综合素质窘境、储备人才质量及数量、绩优人才满意与高潜人才脱颖而出、不合格人才自动流出的现实难题，突破企业发展的人才瓶颈。对于快速发展或转型突破的企业以及处于挑战地位的行业头部企业更需要依据此种解决逻辑、解决方案。破除核心人才的瓶颈（三种通病两大隐患），相当于获得了丰沃储藏资源的批量开采权，资源的垄断和有效利用对企业而言绝对是一种强大的竞争力，让企业的经营管理能力如虎添翼。

术语解释：

核心人才：创造价值高同时市场稀缺性人才，他们为企业提供远超出普通员工的贡献，阶段性难以替代。核心人才一般位居关键岗位。

关键岗位人才：对企业的生存或发展起到支撑、牵引或推动作用，承担组织绩效的管理岗位人才，以及掌握核心技术、为公司带来技术研发或产品设计成果的技术岗位人才。

高潜人才：工作意愿度高、进取心强，愿意挑战目标，企业通过思想启蒙、教练孵化有机会转变为优秀人才的潜质较高的人才群体。

绩优人才：业绩突出、组织内排名前列的人才群体，属于高投入高产出或低投入高产出人才。

庸才：现实能力、潜能皆一般，思维受限，业绩平淡无奇的人群。

劣才：态度有问题、现实能力差或发挥不稳定，业绩指标不达标且排名靠后的人群。

中小企业：指经营规模较小，人员数量有限的中等或偏小型的企业，各行各业的具体判定标准有所不同。国家亦有对中型企业、小型企业、微型企业的划分标准。

大公司：绝大多数为集团型企业，营收规模、员工数量明显超过中小企业的公司。

核心管理团队：核心人才群体中的管理人才队伍。

管理半径：指管理者所管辖的组织机构、人、事、区域范围。

人才资本：为提高劳动者知识、技能等投资形成的资本。

经营班子：拥有企业重大事项及重要人事任免决策权或参与决策权的、参加总经理办公会的总经理及业务或职能分管高级管理人员。

头部企业：行业中营收规模、盈利能力占据优势，其经营管理动作对同行其他企业产生示范性意义，在行业内能够主导制定或参与制定规则、拥有行业地位和话语权的企业。

第七章

关键岗位人才盘点（速盘）的应用

人才盘点的目的、维度不同，盘点覆盖对象、方法因应变化。企业经营决策人通常重点关注关键岗位群体，他们的绩效、能力、动机等能明显影响企业经营状态及发展趋势，他们在较大程度上可通过行动实现企业目的。在变化的市场环境中，聚焦关键岗位人才的快速盘点（缩短盘点过程）成为现实所需。

结合现实需求，采取实证研究、常识理论推理方式，重点研究和提出关键岗位人才群体快速盘点的实际用途、维度、方法、程序，避免发生科学全面、偏静态的人才盘点带来的时效滞后、应用不落地现象及问题。

针对现实需求，正式提出关键岗位人才快速盘点理论：明确人才盘点目的与应用范畴，首先掌握人才现状，提出人才结构预警，提出结构改善与危机应对思路，同时要根据人才池情况有序搭建人才梯队；大幅缩窄盘点对象群体，集中面向承担组织绩效的各级业务管理岗、中后台职能部门负责人、核心技术岗位人才实施盘点；盘点内容收缩为人才结构分布概况、组织与个人绩效表现、个体现实能力与成长潜力、员工满意度（尊重/信任/激励/职业发展/生活后勤需求）四大维度；简化盘点程序，参照咨询操盘手法，基本程序为战略研读、制定人才速盘方案、获取与分析盘点数据、编制人才盘点报告、应用人才盘点结果五个环节，足以做到闭环。具体的盘点程序为：定组织→战略研读→定人才速盘方案→准备工具→盘点培训与分工部署→获取基础数据与二次加工数据→整理统计分析数据→编制人才盘点报告→演示解说报告→应用人才盘点结果。

第一节 关于人才盘点的基本常识

一个参与市场化竞争的企业,不可避免地面临多重挑战,其中包括技术/产品更替的挑战、人才激烈争夺的挑战。关于人才方面,只有加强前瞻性思考布局、持续改善,才有机会在人才竞争中不落败。

有关人才盘点的著述不算少,有的侧重于将人才盘点定义为人才系统管理流程,有的侧重于企业内部人才的辨识,有的侧重于组织绩效结果反映出的团队绩效能力评价。结合国内外如翰威特、北森等咨询公司对于人才盘点的认知,人才盘点实际上是对企业内外部人才现状的数据化与结构化呈现,在此基础上加工分析和比较、预测风险和提出改善人才布局的系列建议。在人才盘点前,离不开对企业发展战略的研读。

在国内外咨询公司、企业的人才盘点实践中,常运用到胜任能力、任职资格理论与相关工具。根据关键岗位的胜任力可测量维度,设计相应的人才素质测评试题,作为人才盘点结果的重要数据支撑;根据管理与技术岗位的硬性任职资格条件,评估每位员工与最低/标准/理想上岗资格要求的匹配度。

"片面"的人才盘内容侧重于人力资源的某些方面,在一些价值观鲜明或绩效导向的公司,人才盘点维度中会设置价值观评估项,或放大绩效结果权重,但对于内部员工潜能评估、未来继任布局、外部同行或对标公司的人才水准等盘点信息匮乏。

理想化的人才盘点内容涵盖人力资源的方方面面,每家公司的实际盘点内容比较离散,与企业的发展阶段、盘点目的、盘点投入有很大关系。盘点内容至少应该涵盖:第一,企业整体的人才结构,包括学历、年龄、司龄、持证情况、管理/技术人员数量、业务与职能人员的配比等;第二,个体的能效,包括个人绩效、异动信息、薪酬、结果呈现能力、解决问题能力、发展潜力(包括管理潜质与技术潜质)等;第三,人才的投入产出,包括人工成本、人工成本占比、人均产值等。

明确了人才盘点的内容，还需要人才盘点工具，比如数据调研、360°评估反馈、人员访谈（BEI 行为事件访谈等）、任职资格评价表、心理测验、人才九宫格、人才地图等，根据企业的资源情况及便利性，组合选择和使用不同的工具。

人才盘点的步骤大同小异，从咨询角度程序大致为：组织调研与战略研读→制定人才盘点方案→准备人才盘点工具→获取一手人才数据→搜集整理二手人才数据→结构化数据分析→出具人才盘点报告→报告呈现与现场解说→人才风险预测→人才布局调整建议→应用人才盘点结果。

第二节　人才盘点的资源配套与现实难题

对于人才盘点的必要性、紧迫性，不同企业、同一家企业的主要决策人或决策参与人认知差异很大。企业的当前规模、发展速度、决策人的认知结构和盘点目的，都会直接影响人才盘点工作的立项、实施效果。

一、人力资源发展阶段与人才盘点的关系

（一）不同发展阶段对人才盘点的需求程度

一个初创型或快速发展的小微企业，企业经营负责人放眼一望全体员工尽收眼底，足以对每位员工知根知底，无须做正式的人才盘点。当公司人数规模起来后，管理跨度的有限性会制约企业经营负责人事必躬亲的欲望，对各类、各层级人才的掌握和人事决策需要借助人才数据的支撑。

一个公司当有一定的管理或技术岗位、一定的人员数量时，人才盘点需求逐渐浮出水面。当公司处于快速发展或转型阶段时，就会感受到人才问题制约发展，似乎愈发成为企业家实现雄心的瓶颈。关键岗位的人才数量、人才质量、人才储备、人才投入与产出、人才流入和流出、行业人才流动与集中趋势是人才问题分析的主要维度。咨询公司介入客户企业人才盘点，常聚

焦于人才池的水位线、人才的胜任及领导力，努力构建人才竞争优势，使之成为企业核心竞争优势的重要组成部分。

（二）不同发展阶段对人才盘点的投入制约

绝大多数企业在人才盘点方面缺乏预见性投入，常常在人才问题已成为或接近形成发展瓶颈时，才被迫考虑补功课——提出人才盘点需求。在人才盘点方面的投入，其实并无直接明显的资金投入，但需要组织发展/人才发展专家职能、部门、岗位的设置考量，需要各种人力资源信息化系统的日常更新维护，需要行业岗位任职资格、市场薪酬的持续调研，还需要任职资格标准、胜任力体系与薪酬标准的配套体系支持。这种系统性的投入，对于企业的实力还是有一定要求的，现实中的人力盘点通常是在缺乏各种配套资源的情况下实施的，盘点效果可以预见会打折扣。

二、人才盘点的科学周期与响应速度要求

（一）人才盘点程序要求可以推测合理周期

人才盘点有基本的流程，即使成熟运作，也需要"准备、数据获取、数据分析、报告报批、结果应用"五个逻辑环节。根据盘点人数、盘点维度的多寡，以及盘点方法、盘点工具的使用，合理推测时间周期和排布计划，盘点过程相对充裕则盘点或能细致一些。科学合理的盘点程序，有助于盘点效果可控。

（二）现实情形倒逼和急性子主管的"快"字当头

中小企业的人才盘点在多数情况下处于因现实问题引发的被动需求，在投资人、主要经营决策者眼中认为必须马上出盘点结果为妥，完全可以减少不必要的繁文缛节程序。公司往往制定具有远大宏图的三年、五年战略，倒推出近一两年的目标，深入研讨会发现人才瓶颈，则需要进一步人才盘点。人才盘点不可避免带有短期的功利性，要求快速盘点、快速应用盘点结果，

深层次人才结构问题、引进及留住人才所需的配套资源竞争力问题，在短平快的操作下，大概率剖析不透、高阶主管缺乏共识，对于人才竞争优势的构建决策将出现偏差。

三、人才盘点的科学覆盖与优先关注群体

（一）从人才盘点目的推理合理覆盖群体

按常识，人才盘点应覆盖一个企业的全体员工，至少覆盖全体职员（不含主要提供体力劳动和使用基础技能的操作人员）。如果盘点面不够，就不足以掌握公司的整体人才概貌，尤其是结构性概貌，同时对高潜人才发掘、继任计划也会有直接影响。人才盘点的目的是什么，如果是了解骨干员工的基本信息、薪酬情况等，则重点盘点关键岗位人才；如果是了解业务管理梯队的继任人选、储备质量等，则重点盘点各级业务管理岗位人才；如果是了解公司整体人才结构、人岗匹配情况等，则需要覆盖全体职员展开盘点。

（二）从老板（boss）角度优先关注关键岗位群体

人才盘点，从长远考量理应做到覆盖全体职员盘点，实际管理过程中，绝大多数boss或经营决策成员更加倾向于关注业务分管负责人、业务单位负责人、业务团队负责人，以及各级职能部门负责人、专家或核心技术人才的结构分布及个体情况。这些人才占据的一般都是公司关键岗位，对公司的发展能施加较大的影响。覆盖全体职员的人才盘点报告呈现后，boss会直奔主题、切入感兴趣的内容，优先关注关键岗位群体的盘点结果。在市场发展平稳、竞争有序的情况下，做全面的人才盘点，对于把握公司人才现状、外部人才流向、各类岗位及不同职级薪酬水平、人才储备情况是比较有利的。boss的偏向性关注或能快速调集有限资源优先向关键岗位群体投入、短期内改观现状产生直接效益；但从长期角度考虑，掐头去尾的人才盘点及资源失衡投入对于人才的内部合理流动与储备考察晋升、外部人才资源分布及流动趋势等很难"号脉"，长此以往出现结构性缺陷在所难免。

第三节 人才盘点的科学合理要求与短平快需求深层剖析

一、对人才盘点的目的、应用侧重理解不同

人才盘点之所以存在诸多制约性难题,决策者的动机和知识结构至关重要。如果人才盘点是为实现当前人事快速调整(调薪晋级晋升/降薪降级降职/劝退)的一个管理手段,人才盘点有可能成为一个形式或一个"壳"。当企业发生批量人事"震荡"时,挽留骨干员工与加快引进新人或为人才盘点的直接目的,人才盘点的应用侧重于达成"选择性留人或倾斜资源引进新人"目的。有的企业会持续筛选、储备高级管理人才简历,以备不时之需,在人才盘点方面会偏向于内外部高级管理人才薪酬与任职资格的比较分析,在结果应用方面面向外界提出"抢人计划"。

二、经验管理、问题管理 VS 项目管理、科层管理

(一)经营决策者的经验知识、问题管理导向是把"双刃剑"

每个决策者眼中,对于人才盘点认知千差万别,解决问题导向的经营管理理念是中小企业经营决策人的偏爱。通过问题的发生、分析评估发酵风险,倒逼提上日程解决问题,涉及到凭借昔日经验思考如何解决,人才盘点管理有可能是解决问题的思路之一。如此的人才盘点及结果应用,虽有助于解决某一问题,但在实际的人才盘点过程中,会发生盘点程序跳跃、盘点覆盖群体变换、时间周期忽快忽慢等灵活性决策,使人才盘点工作完全沦为单一问题或当前发生问题的解决方案附庸。

（二）职业经理人或专家的盘点知识结构、做事风格

如果职业经理人或专家个人核心利益并未与企业的核心利益紧密挂钩，则容易偏向专业化做事。前提是人才盘点的指挥者、具体做事者对于人才盘点有足够的认知。人才发展方面的专家或咨询师将倾向于用项目管理方式推动人才盘点工作，包括建立项目工作组、明确分工，确立盘点对象、盘点方法、盘点工具、盘点程序、盘点周期、盘点结果应用途径等，通过有组织、有秩序、有理论指导的严谨做事风格完成人才盘点。这种盘点的好处是相对科学、合理、周全，人才盘点结果可以系统性应用在企业管理的方方面面；其缺陷也是显而易见的，就是假定企业发展是稳定的、组织内部环境变化是循序渐进、细微的，对于外部激烈竞争的市场环境给企业带来的冲击不做太多考虑，可谓是"温室里的人才盘点"。

（三）投资人的"小投入大产出"决策偏向

做实业的企业主，若其经营所需的资金基本是通过艰辛创业一路赚取的，则对每一笔投入产出善于"精打细算"，吝啬于对不确定性的未来投资；做金融的企业主，若其经营所需的资金多为投资收益或理财管理费用提取，执念于对未来大手笔投入翻倍回报。多数情况下，投资回报周期、投资回报率是投资人优先关注项，小投入大产出最好不过，也容易下定决心。人才管理投资是一个并不那么能直接呈现经济效益的管理行为，科学的人才盘点在决策偏向情形下或处于不利的位置。

三、人才盘点周期角力背后的理念认知冲突

（一）在市场多变的、机会稍纵即逝状态下的人才盘点压力

中国的政策变化、经济态势、行业竞争节奏等，其实是比较有张力的、充满变数的，五年以上的战略对于中小企业远没有解决当下生存问题（如现金流、市场新机会、人才波动）迫切。连续多年的科学人才盘点对于企

业中长期发展裨益较大，但远水解不了近渴。

（二）应对市场变化的变通决策与应对复杂环境的定力思想碰撞

中国的企业经营决策者，能称得上企业家的往往具有一定的前瞻性眼光和发展定力，力图摆脱"头痛医头、脚痛医脚"的短视行为桎梏，在复杂的内外环境中勇于着眼于未来做细致的人才盘点，同时也会做一定的变通。更多的企业主在市场快速变化的环境中仓促决策和快速调整决策，让人才盘点无所适从，以致产生人才流入的"孔小孔少"、人才流出的"孔大孔多"现象。企业领导者的决策具有变通性，灵活到让执着于有板有眼有定力做事的内部管理者感到工作开展吃力、行进方向模糊，于是包括负责人才发展在内的管理者在人才管理理念上与企业主的经营管理决策理念产生冲突，甚至萌生离意。

（三）在角色身份、决策授权不对等情形下快速响应成为必然

良禽择木而栖，每个负责人才发展的专家或管理者都认为自己是"良禽""优才""专才"，但角色身份、决策授权等与企业主要决策人相比是微不足道的，尤其在相对独裁或民主集中决策的民营企业眼中更是如此。在现实情境下，人才盘点工作者只有快速响应、在方向上按照决策人的总体指导思想落实人才盘点，才能存活下来，人才盘点工作和盘点结果才能贯彻落实，同时不妨在盘点方法、程序、盘点结果应用建议等方面做一些有限发挥，尽可能保证人才盘点的科学严谨性。

四、全局性、系统性盘点人才的风险

（一）成果输出费时耗力，但应用效果具有明显不确定性

全面性、系统性的人才盘点，需要投入一定的人力、时间周期，但若无成熟的经验或咨询从业背景，输出的成果可能大打折扣，盘点内容陷入细枝末节，盘点结果平淡无奇。只有将人才盘点结果应用到管理中才有意义，输

出成果的质量不确定性直接影响应用效果。即使人才盘点成果合格或质量上乘，能否在多方面应用、能否在主要方面深入应用仍然会打问号。

（二）集中有限的精力和资源优先盘点关键岗位群体

与其如此，还不如结合企业规模、发展阶段、人才盘点需求程度、短平快周期需求、优先关注群体、现有配套资源现状，集中有限的精力与资源，快速响应企业发展的关键需要，优先盘点关键岗位群体，以解决系列现实问题与发展隐患。当盘点的群体对象大幅收缩后，盘点工作的有效性仍将得到一定的保证。在盘点前，先与企业决策者明确划定盘点的主要岗位，或根据价值链、或根据组织绩效承担岗位、或根据岗位价值评估等理论依据找出关键岗位。

第四节 关键岗位人才速盘（快速盘点）需求与理论阐述

一、关键岗位人才速盘的实际需求

对于零售门店运营类公司，会重点关注区域经理、门店店长的岗位匹配度，以及是否充裕；对于科技类公司，会侧重关注资深或高级工程师、专家队伍的薪酬福利竞争力、技术能力；对于咨询类公司，会重视评估销售总监、大客户经理、资深或高级咨询师队伍投入产出、提成收入竞争力。一个公司的人才池水位状态、人才的岗位匹配或人事匹配、人才内部培养擢晋资源，公司需要早掌握、早预警、早调整。诸此种种，都说明了一个不争的事实，公司对于骨干人才是不遗余力地做好人才管理的。

鉴于企业不同发展阶段的普遍适应性考虑，以及内外部环境瞬息万变的应对需要，评估多数企业人才盘点所需配套资源的有限性，催生了企业对关键岗位人才的短平快盘点需求。

二、关键岗位人才速盘理论概述

（一）关键岗位人才速盘理论简述

关于关键岗位的梳理：

通过价值链的岗位分布位置分析、或根据组织绩效承担岗位分布、或根据岗位价值评估等依据梳理出企业的主要管理岗位、核心技术岗位，主要管理岗位覆盖业务管理、中后台职能管理序列岗位，核心技术岗位覆盖技术研发、产品开发、专业职能支持序列岗位。

关于人才快速盘点（简称人才速盘）：

缩窄人才盘点覆盖群体——关键岗位群体；

精简人才盘点维度——主要包括人才基本信息、综合素质（职业素养/业绩呈现/解决问题能力/成长潜力）、人才结构分布、员工满意度维度；

明确个体人才使用建议——集中提出利益分配调整/人事调整措施；

聚焦五点预警——预警人才结构性问题、薪酬竞争力问题、职业发展问题、尊重/信任/激励问题、绩优与高潜群体生活后勤需求问题。

上述整合在一起，即为关键岗位人才速盘的基本理论。

（二）关键岗位人才速盘的主要目的与用途

（1）了解现状与催生危机感。了解内部现状——掌握公司人才资源概貌：任职资格、编制与在编人数、从业背景、储备人才池水位、薪酬数据、内外供给渠道与供给比例；了解外部现状——掌握外部人才资源分布及任职资格、从业背景、薪酬水平、人才流向。

（2）结构改善与危机应对。结构改善——调整全部或部分关键岗位薪酬分位与薪酬计划、薪酬构成；危机应对——对比内外部人才资源，合理制定"抢人计划""挽留名单"，根据内外部人才资源分布，积极拓宽和守住人才资源。

（3）搭建人才梯队。发现高潜人才——梳理发掘业务/专业纵深发展、管理方向发展人才；实现人才的分类管理（绩优/高潜/问题/风险或负债员工群体），科学搭配各类人才；继任准备——作为人力资源优化配置依据，在此基础上建立关键岗位人才预备队（候补人选）、关键岗位第一/第二继任人选名单及继任计划，任何关键岗位人员提出离职，三天或一周内从容确定继任人选。

（三）关键岗位人才速盘的聚焦维度

根据人才盘点主要目的聚焦有限的盘点维度。

（1）人才基本信息：企业内部关键岗位人员名单、现任职务、职级、入职日期、出生年月、最高学历、职称/持证、薪资福利、从业背景（品牌企业）、异动记录、奖惩信息。

（2）人才综合素质：企业内部关键岗位人才职业素养、业绩数据（绩效数据）、分析判断能力、解决问题能力、成长潜力。通过"重要事例、测评结果、业绩数据"客观评估；通过"用人部门评语、组织发展部门（或人才发展部门、干部管理部门）评语、经营班子评语、客户反馈"主观评估。

（3）人才结构分布：企业内部关键岗位人才任职资格标准、年龄分布、工龄分布、学历分布、持证（职称/技术等级）分布、薪酬水平分布、编制与在编人数、储备人才池水位、内外供给渠道与供给比例。其中薪酬水平分布盘点，囊括同职层或同职等的关键岗位人才、关键岗位绩优人才、高潜人才群体的平均薪酬福利水平。除了内部人才结构分布，同行关键岗位人才资源分布、任职资格标准、从业背景、薪酬数据、人才流向也需要做一个粗颗粒的调研。大致了解行业同类岗位任职资格、企业内部关键岗位任职资格，以及市场薪酬水平、内部薪酬水平，对照内部任职资格标准评估关键岗位人岗匹配度，对照行业任职资格标准、市场薪酬水平、内部薪酬水平评估关键岗位薪酬竞争力。

（4）员工满意度调查：集中围绕尊重、信任、激励、职业发展、生活后勤需求问题调查，获取有效的员工反馈信息。

（四）关键岗位人才速盘的简要方法论

关于人才基本信息的盘点，直接调取人事档案信息。

关于个体综合素质评估，一方面采用"事例—测评—数据"调研评估法，包括绩效数据汇总、人才测评结果汇总、突出贡献事件汇总等，另一方面采用多方主观评价法，包括上级评语、人事评语、下级反馈、客户反馈，集中对被评价人的职业素养、分析判断能力、解决问题能力、成长潜力、突出贡献综合评语或典型事件表现补充说明。

关于群体人才结构分布，通过内部人才基本信息二次加工、内外部招募渠道调研、内外部同类岗位任职资格标准与薪酬数据调研等方式获取人才结构分布情况。

关于员工满意度调查，运用问卷调查法——面向关键岗位人才群体设计、发放、回收、统计、分析调查问卷，在线问卷调查方式在效率方面要高于线下调查。

（五）关键岗位人才速盘的实用工具

人才盘点的工具五花八门，关键岗位人才速盘比较实用的工具（见表7-1）十多种以上，包括调查问卷、测评分值图、数据统计表、案例库、评分表、评语单、分布图等等，可通过SAP等信息软件数据库调取人事信息与数据，通过在线匿名问卷调查获取多方开放性或结构化评语及员工满意度反馈，通过心理测验软件自动测评得出个体胜任力各项分值，通过在线或线下填写岗位胜任素质评价表整理绘制个体胜任能力画像，通过柱状、饼状、曲线图呈现员工群体的学历、年龄、工龄、薪酬等分布。

表7-1　　　　　关键岗位人才速盘实用工具清单

序号	工具名称
1	关键岗位清单（模板）
2	关键岗位人员花名册（基本信息一览表）（模板）
3	内部关键岗位薪酬宽带与薪酬标准（模板）
4	内部关键岗位人才薪酬数据汇总与岗位任职资格标准一览表（模板）
5	组织绩效结果报表、个人绩效结果报表（关键岗位人才）（模板）
6	360°调查问卷（模板）

第七章 关键岗位人才盘点（速盘）的应用

续表

序号	工具名称
7	客观测验题、投射测验题（关键岗位人才）（模板）
8	关键岗位胜任素质评价表（模板）
9	关键岗位编制计划与在岗人数对比表（模板）
10	行业市场薪酬调研汇总表（模板）
11	行业岗位任职资格调研汇总表（模板）
12	行业人才流动情况调研信息（模板）
13	内外部关键岗位薪酬水平调研汇总（模板）
14	内外部关键岗位任职资格调研汇总（模板）
15	对照内部任职资格标准——关键岗位人才人岗内部匹配度评估结果（模板）
16	对照行业岗位任职资格标准/市场薪酬范围、内部薪酬标准/内部薪酬数据——关键岗位人才人岗外部匹配度、薪酬竞争力评估结果（模板）
17	360°问卷调查（在线调查脚本）
18	员工满意度问卷调查（在线调查脚本）

（六）关键岗位人才速盘的简化程序

即使为缩小范围、缩短周期的关键岗位人才速盘，也需要遵循基本的科学逻辑，设置必要的环节以保障盘点结果的客观性及有效性。

关键岗位人才速盘基本程序如表7-2所示。

表7-2　　　　　　关键岗位人才速盘基本程序

环节	主要工作内容
第一步：战略研读	确立人才盘点牵头人、工作组成员，组织调研与战略研读。评估公司发展阶段，解读公司战略、组织结构、人才发展规划，了解公司优先关注的员工群体，评估人才盘点所需的基础资源条件
第二步：制定人才速盘方案	制定、解说确认、修订说明和报批通过人才速盘方案，明确盘点目的、盘点维度、盘点方法、盘点工具、盘点分工、结果应用
第三步：准备工作	列出准备事项与工具清单，准备人才盘点工具
第四步：培训+部署	启动人才盘点操作程序，开展标准培训活动，分工部署任务

续表

环节	主要工作内容
第五步：调研 调取数据＋资料调研＋ 问卷调研＋数据加工； 内部调研＋外部调研	内部调研——调取数据与资料调研：获取一手原始数据与资料，花名册、内部薪酬数据、岗位任职资格、绩效数据、编制计划与在岗人数、内部岗位任职资格文件
	内部调研——问卷调研：获取一手调查资料，360°问卷调查、员工满意度问卷调查
	内部调研——数据加工：获取二次加工数据，包括年龄/工龄/学历/持证分布、内外部关键岗位平均薪酬水平分布、内部关键岗位绩优与高潜人才平均薪酬水平分布、储备人才名单与储备比例等
	外部调研——获取数据：获取二手数据与资料，包括行业市场薪酬调研数据、岗位任职资格调研资料、行业人才流动情况调研信息等
第六步：后台分析 整理、统计、分析数据 结构性分析＋个体画像 绘制 风险预测与人才发展 建议	整理数据/资料，后台结构化数据分析、个体信息逐一分析
	结构性风险预警：人才结构、薪酬竞争力、职业发展、尊重/信任/激励、绩优/高潜群体生活后期需求问题
	个体画像与使用建议： 基本信息——姓名、职务、职级、年龄、司龄、学历、持证、薪酬、从业背景、异动记录、奖惩信息； 综合素质——职业素养、业绩数据、现实能力评估、潜力评估； 个体人才使用建议——职业引导、帮扶措施、利益分配调整（调薪/绩效评价）、给予职业发展机会（晋级/晋升/平调/对调/轮值/学习进修/机会考察/分组PK/竞聘）、荣誉（大会表扬/荣誉称号）、处分（问责/惩罚/降职降薪/免职待用）、调离或劝退
	人才风险整体预测与组织发展、人才调整建议
第七步：编制人才盘点报告	出具人才盘点报告
第八步：演示解说	演示、解说、过会人才盘点报告
第九步：应用人才盘点结果	分工落实，应用人才盘点结果

三、关键岗位人才速盘的成果呈现

关键岗位人才速盘结果的整体呈现形式为人才盘点报告，人才盘点报告内容结构如下：

开篇部分　关键岗位人才速盘说明

（一）关键岗位人才盘点背景

（二）关键岗位人才盘点概述（盘点说明）

结构篇　关键岗位人才结构现状与风险预警

（一）人才结构基本情况

（二）人岗内部匹配度评估结果

（三）关键岗位人才人岗外部匹配度、薪酬竞争力评估结果

（四）关键岗位人才职业发展状态

（五）尊重/信任/激励管理状态

（六）绩优/高潜群体后勤需求问题

个体篇　关键岗位个体画像与使用建议

（一）经营班子成员画像

画像图A：姓名、画像图、基本信息、综合素质【职业素养、业绩数据（绩效数据）、分析判断能力、解决问题能力、成长潜力】、使用建议

画像图B：……

画像图C：……

附：人才盘点原始档案资料——关键岗位人才基本信息、测评结果、业绩数据、主观评语

（二）高级管理者成员画像……

（三）中层管理骨干群体画像……

群画像图：……

（四）业务骨干群体画像……

（五）技术骨干群体画像……

（六）专业骨干群体画像……

应用篇　人才风险整体预测与组织发展、人才调整建议

第五节　关键岗位人才速盘的广阔用途与应用场景

一、广阔用途预测

关注决策人所关注的事情或人才群体，集中有限的资源和精力做好对关键岗位人才群体的盘点。除了初创公司，不同发展阶段的企业一般都有对人才的基本需求，只是需求程度不同而已，而关键岗位人才的盘点应属于起步需求。遵循简化程序的快速盘点能够基本满足企业决策者的快速决策、快速见效的心理需求，同时又不失一定的科学性。关键岗位人才速盘不需要庞大的调研数据和信息，在人才盘点工作组成员、信息系统等跟不上的情况下仍可通过纯人工或人机混合作业获取到必要的资料。无论是大公司还是中小企业，无论国有、外资还是民营企业，无论企业处于快速发展期还是成熟或转型阶段，由于关键岗位人才的盘点对象覆盖面小、盘点程序精简、盘点所需配套资源条件要求不高，在不同企业的关键岗位人才速盘操作均具可行性、简便性。

针对关键岗位人才的聚焦盘点，应为绝大多数企业的需求。关键岗位人才盘点理论与应用体系，既可以为人力资源咨询公司所用，也可以为各类中小企业、大公司所用，可应用的行业范围、企业数量都将是可观的。

二、应用场景描述

一年一度的人才盘点，可以拆分为一般人才盘点和关键岗位人才速盘，可调集组织专家、人才盘点专业工作者优先做好后者；企业在推动转型、创新变革前期，也可以召集咨询师、内部人才盘点专业工作者先快速盘点一次关键岗位人才群体；咨询公司在人力资源相关咨询时，调研阶段同样可以提供关键岗位人才速盘服务；公司筹建继续教育用途的管理学院或培训中心后，应第一时间对关键岗位人才快速盘点一遍，根据盘点结果对部分人员实施回炉再造或开设进修培养班。

关键岗位人才速盘在激烈竞争和快速变化的市场环境下现实意义较大，似能"近水解渴"。如果常年只做关键岗位人才快速盘点而忽略了全面的人才盘点工作，就过于急功近利了，扎根于土壤深处的部分、分散开枝的部分也是需要护理的，而全面人才盘点就是很重要的护理方式。如果关键岗位人才盘点一年或半年一次，那么全面的人才盘点不妨考虑2~3年一次，相得益彰。关键岗位人才速盘，以其弹性张力、灵活适应性、简便实用性优势，在各类企业、各种工作场景中会大概率受到欢迎。

术语解释：

关键岗位：对企业的生存或发展起到支撑、牵引或推动作用，承担组织绩效的管理岗位，以及掌握核心技术、为公司带来技术研发或产品设计成果的技术岗位。

人才池：内部定岗人才梯队（在岗占编）、不定岗人才储备（编外储备）、管培生人才储备、外部人才简历储备的总和。

胜任力：动机、特质、自我认知、价值观、知识、技能的总和，影响绩效表现的意愿与综合能力。

人才素质测评：采用一定的测评方法，对特定人群提供科学测试输出量值或分析推断的过程。

任职资格：任职者应具备的知识、技能、学历、持证、经验、身体条件方面要求。包括最低上岗资格、标准任职资格、理想任职资格，将各方面的要求表述为一个区间范畴。如：年龄要求、最低学历要求、持证要求、管理经验最低要求等。

360°评估反馈：属于多源性评估，从被评人的上司、下属、非汇报关系同事、客户、人事等全方位视角获取对被评人的评价信息，公司主动掌握和鼓励被评人了解个人的盲区、不足及亮点。

人员访谈：工作人员根据工作所需与员工展开的一对一、一对多或多对一、多对多的现场面谈，常见访谈为一对一、多对一方式。

心理测验：测评开发者或测评组织者运用心理学相关知识，设计测验产品的底层架构与逻辑，开发和运用测试软件面向受测人实施心理因素测量，然后提供量化或其他方式分析评估结果。

人才九宫格：建立业绩与能力坐标轴，在纵横两轴上设置高中低程度，绘制形成九宫格。根据业绩表现和能力将人才分类放入九宫格中。常用的人才九宫格包括业绩—能力九宫格、业绩—潜能九宫格。

人才地图：分为外部人才地图和内部人才地图，外部人才地图一般由招聘、猎头、咨询机构绘制，内部人才地图则由组织发展或人才发展部门、干部管理部门绘制。通过人才地图说明行业关键岗位人才的行业内分布、任职情况，运用人才九宫格呈现内部关键岗位人才的绩效、能力或潜能分布。

管理跨度：又称为控制跨度、管理幅度，具体指直接下属（汇报关系）人数，直接管控的下属人数有一个极限值，超过极限值管理效率会受较大影响。信息系统、沟通管道、工作场所、个人精力会混合影响极限值的大小。

高阶主管：在职等、职级顶层的岗位，一般为参加总经理办公会的经营班子成员，该类职位人选由董事会选聘、任免。

绩优人才：能力强、现实业绩突出的优秀人才。

高潜人才：潜能巨大，目前因平台、岗位、机会等因素，绩效呈现和业绩优秀人才相比有一定差距的人才。

经验管理：与科学管理正好相反，管理者凭借个人经验教训和惯性思维实施的管理方式。

问题管理：通过发现、分析、解决问题方式管理日常工作，发现问题、察觉隐患、筛选出真问题，剖析研究、防微杜渐、解决问题。

项目管理：为了推动某项重要工作，汇集人、财、物等各种资源，建立专项工作组、明确人员分工，设置项目总干事或总指挥统筹行动达成既定目标。项目竣工验收通过后，项目组自行解散。

科层管理：组织结构及岗位架构呈金字塔式，讲求职能职责与职位授权明确、流程清晰、秩序化运作，又称为官僚制。

第八章

集团型企业人力资源（HR）负责人的核心贡献

历史上及在可预见的未来，人力资源日常管理与发展对于组织正常运作不可或缺。管控、服务、激励为人力资源工作的三大基础功能，也是人力资源部门机构赖以存设的基石。以集团型企业（具备一定的营收和人员规模及分/子公司数量）HR负责人核心贡献内容研究为出发点，简要剖析总经理和HR第一负责人的搭配关系，从而明确HR第一负责人的贡献范畴及核心贡献。只有厘清HR第一负责人的主要贡献方向，才能明晰什么样的人足以胜任该岗位角色。经过研究推理，提出"顶层设计、找人聚人、聚焦高价值目标"为集团型企业HR负责人的核心贡献。

第一节 人力资源对组织的价值

一、人力资源管理的价值（HRM）

HRM全称为human resource management，即人力资源管理。传统意义上的人力资源管理，主要涵盖人力资源规划、招聘配置、入转调离、入职/岗前培训、薪酬福利绩效、员工关怀等系列职能工作，人力资源管理职能保障了公司的有序运转。人力资源管理的天然职能是管控，它是人力资源职能机构存在的基础。

借助 e-HR、OA、SAP、钉钉、企业微信等各种互联互通的信息化软件办公平台，以及阿里云、腾讯云数据存储方式，相当部分企业实现了在线人事管理。人力资源自动化运作、BI（business intelligence）管理、日常运算自动修复与算法模型自主学习升级趋势，推动人力资源管理转向去人化的数据化预测与决策发展阶段，人工智能技术逐步代替人工处理更加复杂的工作。人力资源管控以规则嵌入、管道约束、规范服务的方式柔和呈现，服务其实是管控的延伸。

人力资源管理随着信息化、AI（artificial intelligence）技术的日新月异变化，不断覆盖和更新传统管理职能，终将走向人工智能全面接管的时代。人力资源管理的管控本质仍不变，组织当下需要什么，人力资源管理服务工作就及时规范性提供相应内容。只不过，当人工智能发展到完全自主学习、自我修复升级，甚至突破人为限制实现独立创新算法模型时，就可能失控，但无论失控与否，HRM 的内核仍然为管理控制，包括人工智能对人类群体或个体行为的预警和主动管控。

二、人力资源发展的价值（HRD）

人力资源管理基于人事管控服务的基础价值而存在，人力资源发展则是基于激励和深层次服务的需要而产生。譬如，人力资源战略、潜能评估与开发、组织文化建设、心理辅导与激励等，属于人力资源发展的思考范畴。

HRD 全称为 human resource development，着眼于未来组织效能与人才质量。如果说 HRM 是满足当下诸如解决现实结构性问题、激励过度或不足问题、劳动力供应问题、人岗匹配需求等，那么 HRD 则聚焦于结构的前瞻性、激励创新、人才输送、人尽其才等未来需要。

人力资源管理其实停留在事务、数据、专业职能、异常处理层面，人力资源发展上升到组织战略、人才战略、人力资本、研究创新层面。人力资源发展的核心职能是创新激励与找人聚人。持续创新重构组织结构、大胆创新优化分配机制，引进和储备、匹配、激励、保有、调配绩优与高潜人才，才是人力资源发展的本质。

三、人力资源职能于组织的总体价值

有的企业将人力资源职能视为平台管理资源，有的企业将人力资源职能看作业务支持资源，还有的企业将人力资源职能视为实际控制人之前台代理人角色所行使的权力，总之，人力资源机构可以因地制宜，人力资源职能不可或缺。

从组织的人、财、物三因素看，人的因素重要性不言而喻；从军事政治角度看，兵权或人事权亦无法忽视；从价值链的链条评估，人力资源活动作为重要的辅助增值活动，也不可缺失。在绝大多数中小企业、大公司组织结构设置方面，均包含了业务管理、人力资源、财务资金等基础职能机构。

人力资源于组织整体而言，主要承担了人事流程管控、人事标准服务、正负激励、找人聚人四大基础功能。

四、集团型企业人力资源职能的重要性

大公司多数为企业集团形式，母公司注册资本一般在亿元以上，年营收百亿或至少数十亿元以上，组织结构层次丰富，子孙公司众多，母公司控股一批二级公司，部分二级公司又控股一批三级公司，形成"母子孙"的"血缘"关系。部分营收规模在十亿元以上的中小企业，初步具备了集团组织雏形。

小微企业的人力资源职能往往是残缺的，创始人身兼人力负责人角色，人事管理者主要投入到招聘和薪酬核算方面，或者直接由"老板娘"（创始人的直系亲属等）以财务和人事统筹管理者身份运作。中小企业稍好一点，除了日常事务处理外，开始专业化分工，甚至有了一点人力资源发展的意味，但更多停留在事务管理或专业职能模块管理阶段；只有大公司才有充裕的资金实力和品牌影响力，可以扩展组织结构设置健全各项职能，设立人力资源中心，或拆分出人才发展机构（如组织发展部、干部管理部）、人力资

源日常管理部门，还有机会孵化出咨询培训事业部或内部创业公司，组织从而具备战略人力资源、人力资本管理能力。

人力资源职能中蕴含了顶层设计、高级人才猎头的内容，以及薪酬计划、事业合伙人、股权激励等分配机制，这些具体职能对于企业的发展至关重要，顶层设计水平、薪酬与考核政策、高级人才引进和保有措施在很大程度上足以决定一家公司的发展速度和内部活力。越是大公司，其人力资源职能就应用得愈加扩展和深入。

第二节　集团型企业HR负责人的核心贡献

一、以组织结构设计圈定机构贡献范畴

集团型企业一般设置人力资源中心或人力资源业务支持平台，配置总经理，或将人力资源职能分拆为组织发展部、干部管理部、人力资源管理部后各自独立运作，由CHO（chief human resources officer）或CPO（chief people officer）统筹管理。人力资源相关部门机构及岗位的设置，大致圈定了人力资源部门的贡献范畴。

集团型企业的人力资源部门机构的贡献主要为：人力资源规划设计、人才发展、人力资源数据库管理。其中人力资源规划设计包括但不限于组织结构、人才结构、人事授权、薪酬标准、薪酬计划、股权激励、人力资源体系设计；人才发展包括但不限于高级人才猎头、人才渠道拓展、人才评价技术与产品开发测试及应用、人才梯队搭建；人力资源数据库管理包括但不限于基础人事数据库、培训数据库、绩效数据库管理。除此之外，诸如企业文化建设与宣传（价值观教育、廉政与商业道德宣传）、人事审批决策、劳动纠纷处理、人力资源各项解决方案设计与落实，也属于人力资源机构的重要职能。

第八章
集团型企业人力资源（HR）负责人的核心贡献

二、以工作分析手段界定岗位贡献范畴

工作分析是界定各类工作活动、明确岗位工作内容的前提。建立在工作分析基础上的职位说明书实质上由任职资格、工作内容两大部分构成，将上岗资格、岗位权限与责任、岗位职责、工作环境捋清楚。工作分析导出的职位说明书，明确了责任与相应的权限、工作职责、输出结果，有助于进一步梳理出核心贡献、重要贡献、基础贡献。通过工作分析，可以基本厘定岗位的贡献范畴及边界，包括 CPO/CHO/HRD/HRM 等岗位。

三、思考总经理的核心贡献

作为辅佐总经理岗位（公司经营管理第一负责人的统称）的 HR 负责人岗，若要明确 HR 负责人的核心贡献，不仅要考虑人力资源部门机构的价值及功能、通过工作分析推理岗位贡献，还应充分考虑作为总经理左膀右臂的角色贡献。因此，首先需要思考总经理的核心贡献是什么。

作为公司的一把手，总经理对公司经营管理负总责。以职业经理人身份担任的总经理（或 CEO），应为公司做出四个方面的核心贡献：

（1）关注实际控制人所关注的，解决实际控制人所焦虑的，做到排忧解难之贡献；

（2）顶层设计贡献，包括商业模式梳理、管控模式选择、战略设想、组织结构设计、分配设计、人才布局；

（3）经营业绩贡献，包括收入、利润、估值、发展后劲贡献，核心竞争优势构建贡献；

（4）预见和解除资金链条危机、重大人事危机。

四、CPO/CHO/HRVP 像 CEO 一样思考

CEO（chief executive officer）作为集团型企业的首席执行官，对集团公

司经营结果及持续发展性负有总责,掌握重大执行权;总裁、总经理等,对集团型企业下辖事业群、下属二级集团或公司经营结果及持续发展性负有第一责任,掌握日常执行权。

作为集团型企业的人力资源一把手,职位可能是 CPO,抑或 CHO,又或者 HRVP(human resource vice president),总之为 HR 负责人。前瞻的 HR 负责人,首先是搭建一个匹配前瞻思想的组织结构,其次应带头贴近业务,并且像 CEO 一样思考。HR 负责人尤其需要清晰并聚焦角色核心贡献,围绕 CEO 的关注点解决当下问题,协助 CEO 谋划未来,并在 CEO 的战略设想下主导人事布局。

五、推理集团型企业 HR 负责人的角色定位

一名优秀的集团型企业 HR 负责人,至少身兼四种角色:

第一种角色,CEO 的战略伙伴、战略大师,善于调查研究,能提出"宏观设想、全景规划、实施思路";

第二种角色,CEO 的高级幕僚、总参谋、政委,源源不断地生产、搬运与输出、贩卖思想;

第三种角色,顶层设计师,敢于颠覆和重构组织结构,着力于结构性创新突破,善于优化创新分配机制,主动成为变革主导者,狠抓要害、聚焦高价值目标、能做重大变革工程总干事;

第四种角色,高级人才猎头,持续致力于优化人才结构,大胆引进和储备、科学搭配、有效激励高级人才队伍,激发其充分发挥才华和领军作战。

六、梳理集团型企业 HR 负责人的核心贡献

在梳理人力资源部门机构职能与贡献时,对于集团型企业的 HR 负责人,需要重点承担组织发展职能、干部管理职能,而人力资源日常管理职能可以交付给人力资源事务团队做好运维即可。以工作分析为基础手段,梳理出 HR 多种岗位的职位说明书,集团型企业的 HR 负责人一般为 CPO、

第八章
集团型企业人力资源（HR）负责人的核心贡献

CHO、HRVP 岗，属于经营班子层面，重点在于抽离琐碎事务的发展思考及实践，天天思考的是重要的发展性工作及重要的人选选育用留退事宜。既然明确了总经理岗位的贡献，HR 负责人又是总经理（或 CEO）的重要搭档，其贡献必然与总经理（或 CEO）的贡献密切相关。当 HR 负责人的角色定位已跃然纸上时，集团型企业 HR 负责人的核心贡献愈来愈清晰，呼之欲出。

每个居于要津的重要岗位，都被组织赋予了不同的使命。建立前瞻性的组织结构和富有竞争力的分配机制，找到优秀的人，同时发掘高潜人才，聚拢核心骨干，调集优质资源聚焦高价值目标，此为 HR 负责人的核心使命。简言之，要进行顶层设计、找人聚人、聚焦高价值目标。

HR 负责人同样需要关注实际控制人（或总经理）所关注的，解决实际控制人（或总经理）所焦虑的，主导或参与顶层设计、主动推动组织变革。集团型企业的 CEO、总裁、总经理、董事长通常会是同一个人，或者适当分权由不同人担任。HR 负责人从汇报关系上，或许应围绕总裁或 CEO 开展工作，但在实际管理当中，HR 负责人则会践行实际控制人的思想理念，成为实际控制人的影子。HR 负责人不但要找到高级管理人才和核心技术人才，还需要扩大覆盖面引进和持续保有系列关键岗位人才，更需与企业实控人思想理念保持高度一致。

关于聚焦高价值目标，首先需要学会辨别哪些才是高价值目标。如果实际控制人足够高瞻远瞩或具备深刻思考能力，那么实际控制人所关注和焦虑的事情，就有机会形成高价值目标。组织结构调整、影响全局的结构性调整、与薪酬福利绩效分红股权等密切相关的激励设计与实践、集团层面的重要人事布局、引进高级人才，也属于高价值目标。当然，系统性思考的管理改善措施，同样可视为高价值目标。

除了顶层设计、找人、聚焦高价值目标之外，HR 负责人还应勤走业务现场、参加业务例会、出席行业交流活动，以便足够熟悉业务，能提供各种切合实际的解决问题方案，成为解决实际问题的专家（见图 8-1）。

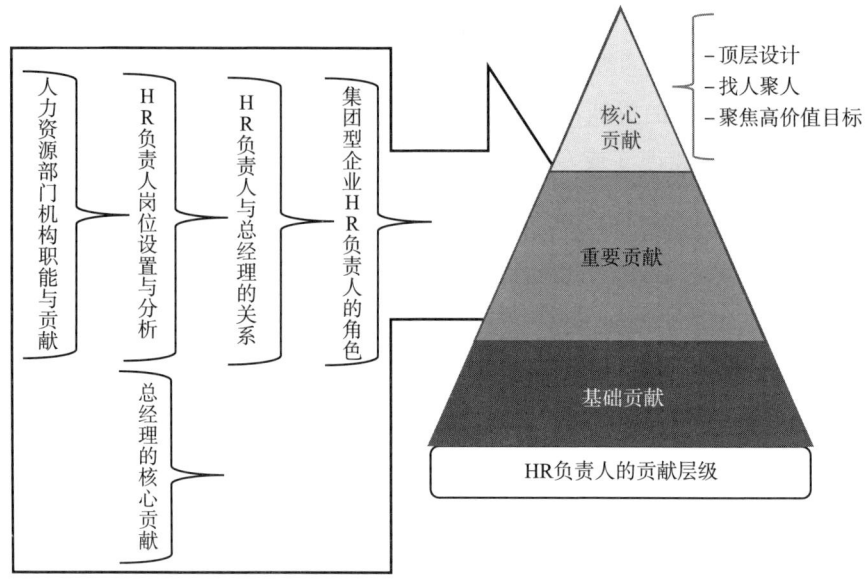

图8-1 HR负责人的核心贡献推理图（思维脉络图）

第三节 如何确保HR负责人聚焦核心贡献

一、指标设置做减法

MBO、KPI、BSC、OKRs、用户评价是目前比较常用的绩效考核理论，MBO、KPI、BSC、OKRs都涉及目标或指标设置，有的偏战略性，有的偏策略性，有的偏挑战性，有的偏例行性。关于目标或指标的设置，在促使HR负责人聚焦重要工作领域起到直接的引导作用。绩效考核虽然备受诟病，就目前来看仍会持续存在和应用。建立指标库是考核体系的重要组成部分。考核指标越多越具体，必会导致考核难度大、考核成效不明显。量化指标首先应反映岗位贡献，其次解决现实首要问题。一个承担组织绩效的部门或一个关键岗位至多设置3~5个考核指标，鼓励被考核人聚焦指标。对于小微企业，绩效考核只需抓取和提炼核心贡献指标，中小企业的绩效考核以核心贡献指标为主，重要贡献指标为辅；大公司的绩效考核确保核心贡献指标权重≥80%，其余权重赋予各种平衡发展类的指标。对于不定向研发类部门或事业部，慎重设置绩效指标，反而坚持持续投入、宽松管理，报以突破性期待。

二、激励引导聚焦指标

人纵使再有使命感和事业心，也会受到企业正负激励措施的影响。管理上倡导向东走，激励表达为向西正激励、向东无激励甚至负激励，轻则对被激励对象造成行为困扰，重则导致被激励对象不问对错、趋利而行。

如果想要施加激励措施，引导HR负责人聚焦关键指标，那么必应遵循"岗位或个人核心贡献是什么，组织就考核/激励什么"的基本原则。对于HR负责人的指标选取，应优先从顶层设计、找人聚人（高级人才及其他关键岗位人才）、聚焦（高价值目标）中反复提炼。譬如推动组织机构改革、事业合伙人/超额利润分红/股权激励改革、引进高级管理人才数量、储备关键岗位人才数量、降低关键岗位人才主动流失率等，结合战略设想的年度目标选取并详细描述当期目标，通过将业绩表现与个人绩效奖金或分红直接挂钩的正负激励措施来引导HR负责人聚焦关键指标。

激励措施一定要鲜明刺激、及时兑现，以保障激励的有效性。首先物质层面的激励要足，其次荣誉和事业成就层面的激励毫不吝惜，外释诱因、内生驱动，推动HR负责人在核心贡献方面创造奇迹，或者至少促使其在任期内充分释放潜能。

三、在职位说明书中予以明确

职位说明书中须包含岗位贡献说明组成部分，让每一位任职者尤其是譬如CPO/CHO/HRVP等高级管理者在上岗前就清晰地获知公司对其所任岗位的期待，鼓励任职者达到职位说明书的贡献要求。职位说明书的具体工作职责紧密围绕岗位核心贡献和重要贡献展开描述，在核心贡献方面的职责描述泼墨最多；职位说明书中权限责任也同样紧密围绕岗位核心贡献和重要贡献展开描述，在核心贡献方面提供的授权与要求的责任也最大。

第四节 什么样的能力素质得以创造核心贡献

明晰了岗位，也明晰了岗位的核心贡献，那么什么样的人才有机会胜任岗位、为公司输出核心贡献呢？在找到胜任的人选前，除了界定上岗资格外，还需要确定优秀者的能力画像。

一、抓取HR负责人的能力素质

假定HR负责人岗位至少是CPO、CHO、HRVP级别的岗位，根据岗位的核心贡献、重要贡献、基础贡献倒推所需的能力素质，则需要具备"职业素养、调研、远见规划、逻辑推理、方案设计、聚才、分析判断—抓要害、目标管理、指挥、资源调配、觉悟性、分析判决、沟通激励、解决问题、抗压、意志力、系统思考、创新变革、前瞻决策、策略"等诸多能力素质。进取心（企图心）和行动力，是所有优秀高级管理人员共同具备的素质特征；分析判断能力是所有优秀管理者共同具备的素质特征；良好的职业素养是所有优秀员工共同具备的素质特征。

这么多能力素质，实质上可抽象概括为基本素质、思维能力、管理能力（团队管理能力和要事管理能力）三大维度（见表8-1）。

表8-1　　　　　　HR负责人能力素质三大维度归类表

基本素质	思维能力	管理能力	
		团队管理	要事管理
进取心	系统思考	聚才能力	调研能力
行动力	逻辑推理	指挥能力	远见规划
职业素养	解决问题思维	资源调配能力	方案设计

第八章
集团型企业人力资源（HR）负责人的核心贡献

续表

基本素质	思维能力	管理能力	
		团队管理	要事管理
觉悟	—	沟通激励能力	分析判断-抓要害
抗压	—	—	目标管理能力
意志力	—	—	创新变革能力
—	—	—	前瞻决策能力
—	—	—	策略能力

二、辨识 HR 负责人的核心管理能力

HR 负责人的能力素质维度已浮出水面，除了必备的基本素质外，更需在其中辨识核心管理能力。不妨根据岗位核心贡献方向抓取 HR 负责人的核心管理能力。

顶层设计尤其需要一个人的前瞻性、预见性，要善于洞见和抓取主要矛盾，还需要参谋决策的积极性、创新变革意识和勇气；找人聚人涵盖引进对的人、科学搭配人选、大胆激励和善于驾驭优秀人才、留住关键岗位的绩优与高潜人才，聚才投入、聚才意识、聚才诚意、聚才方法成为找人聚人效果的基本保障；聚焦高价值目标涉及目标管理，包括对高价值目标的辨识、描述、瘦身、锁定、指挥、达成。

顶层设计的水平与一个人的远见、深刻性密不可分；只有具备强大的聚才魅力，才能吸引更多优秀的人才加盟，也才能善于包容和驾驭优秀人才；如果对未来模糊看不透，缺乏远见性，很难找到那些高价值的前瞻性挑战性目标，如果对目标/危机理解得不够深刻，很难持续聚焦前瞻性挑战性目标。当 HR 负责人有机会从繁重的事务中抽身时，才能看得更远、理解得更深，并有机会聚拢更多优秀人才，从而辅助总经理开拓事业走向辉煌，为组织创造核心贡献。因此，顶尖 HR 负责人的核心管理能力应为：远见规划、分析判断—抓要害、聚才、目标管理能力。

核心管理能力带来核心贡献：HR 负责人与总经理搭档，主动发现问

题,深刻思考以点带面消除隐患,面向未来破框,大事业大布局实现结构性创新突破;聚拢并持续保有和更新绩优人才、高潜人才,集中关注高级管理人才、核心技术人才,其次是其他关键岗位人才和储备人才,保障批量人才的源源不断供应、储备更换、自由发挥、快速成长;把有限的优质资源集中投入到高价值目标领域,从而推动企业持续强劲地发展。

三、围绕 HR 负责人的搭班子策略

任何一个高级管理者,在业务分管范围内,都需要内部团队的紧密支撑。实际控制人、总经理会从公司角度考虑如何选人搭配,搭好一个班子,减少摩擦加强资源整合;以此类推,HR 负责人会从人力资源业务角度组选人才搭班子,以保障 HR 负责人为首的人力资源团队充分释放能量,大胆施展核心能力,调集优质资源投入高价值目标,从而为公司创造核心贡献。

HR 负责人的能力转化为行动,需要周边团队各个角色的有力支持才能实现。以 HR 负责人为核心的团队成员角色搭配:HR 负责人自身事实上就是公司的组织部长、人才学院院长、价值观宣扬者,同时还是顶层设计师;他需要一个人力资源专家小组或一个组织发展专家负责具体呈现顶层设计方案;他还需要文秘、高级文员管理 HR 负责人周边的细碎事务,更需要一个交际的角色,穿梭于社保公积金机构、劳动监察大队等相关部门处理各种劳动纠纷和合规应对事件;在人力资源部门机构中,需要一个善于处理异常、解决问题的日常事务管理高手,可以由人事总监担当;当立项各种专案、成立小组时,从内部可以挑选出执行组长或组长助理的角色,能够在 HR 负责人的总体指挥下,积极地、有方法地落实专案工作;在人力资源的重要模块,有总监级别的专业人员或管理人员独立运作,能带小团队;在人力资源相关的一二三级部门架构中,有一批成熟的、独立做事的专业经理,有条不紊开展各项工作;还有一批劳模,熟练地按照程序化、标准化的方式开展例行工作。

无论是专家、文秘、人事总管角色,还是专案管理、独立做事、一般运维角色,都可以在人力资源部门机构的内部编制中找到相应的合适人选,兼

第八章
集团型企业人力资源（HR）负责人的核心贡献

任上述角色。角色搭配组队，能够让个体某项能力缺陷问题迎刃而解。

结　　论

对于 HR 负责人的选择，既受制于企业实际控制人或总经理的用人理念及偏好，同时也受制于市场人才资源的稀缺性因素。CPO、CHO、HRVP 级别的 HR 负责人属于高价值人才，在市场优质人才资源极其有限的现实情况下讲性价比，寻觅人才的出发点一定得不到好的归宿。高级管理岗位的优秀人才，在市场上待价而沽，没有足够合理或诱人的薪酬计划、职位身份、事业平台机会、工作环境，他们很难动心。即便动心了，进入企业后如果没有理念的共识、缺乏一定的授权，他们仍然会选择离开。HR 负责人的核心贡献之一就是找人聚人；企业实际控制人或总经理的第一要务也是找人聚人，首先就是要找到优秀的 HR 负责人。

一个缺乏远见的 HR 负责人，他很难成为总经理的得力助手，在战略思考、理解方面必然缺失共鸣，在顶层设计领域按部就班难以实现前瞻性突破；一个缺乏深刻见解的 HR 负责人，对问题背后的隐藏危机缺乏洞察，解决问题浮于表面，还有对各种岗位候选人的辨别欠缺毒辣的眼光，又如何为公司找到优秀的人？一个优秀的 HR 负责人有时善于自燃，有时善于保持理性平静。HR 负责人的画像：理念前瞻且具备危机意识，目标感与价值感强烈，尤其善于抓要害和找到对的人；智商很高，情商不低，又能拉近人与人之间的心理距离，还能扛得住各种压力、受得了委屈。

若抛开人才资源稀缺性因素不谈，从某种意义上讲，找到了对的 HR 负责人并愿意视之为左膀右臂，公司的腾飞发展就不远了。

术语解释：

HR：human resource，人力资源。

HR 负责人：人力资源负责人，一般指人力资源部门机构负责人或主要分管人力资源的最高负责人。

人力资源：为达到组织目标，对劳动者实施招募、录用、内部选拔、任命、培育、考核、奖惩等系列措施的关于人的管理活动。

人工智能：以人脑为研究对象，模拟、应用、延伸、扩展人的智能，接近甚至超越人类智能，赋予仿真机器人自主学习、自主对话、神情表达、自主思考、自主修正算法模型、自主处理复杂问题能力。

集团型企业：指通过资本联结的母公司、子公司、孙公司，股权呈母子孙公司控制关系、控股公司数量较多、业务通常多样性的企业法人联合体。

母公司：通过股权或协议控制多家子公司的公司。

小微企业：指营收规模很小、股权简单、业务相对单一的小型及微型企业，国家亦有对中型企业、小型企业、微型企业的划分标准。

中小企业：指经营规模较小，人员数量有限的中等或偏小型的企业，各行各业的具体判定标准有所不同。国家亦有对中型企业、小型企业、微型企业的划分标准。

大公司：绝大多数为集团型企业，营收规模、员工数量明显超过中小企业的公司。

实际控制人：遵照公司法等相关法律法规，通过投资关系、协议控制或其他方式，实际掌控公司的自然人、股东、法人或其他组织。

关键岗位人才：对企业的生存或发展起到支撑、牵引或推动作用，承担组织绩效的管理岗位人才，以及掌握核心技术、为公司带来技术研发或产品设计成果的技术岗位人才。

经营班子：拥有企业重大事项及重要人事任免决策权或参与决策权的、参加总经理办公会的总经理及业务或职能分管高级管理人员。

基本素质：覆盖组织全体职员的普遍性能力素质，亦即通用素质能力类。

思维能力：在知识及阅历基础上，运用一种或多种思维方式对人、事、物、环境等因素加工思考的能力。

第九章

论人事匹配和人才搭配在企业管理中的实用价值

本节通过实证研究的方式，深入研究探讨了人—事匹配、人才搭配在企业管理中的实用价值，得出如下结论："选人做事—选谁做，做什么事，是完成目标、任务的核心，也是解决问题的关键所在""人才科学搭配—洞察人性做好搭档组合，团队默契，大幅提高人才资源的利用率""科学的人事匹配和洞察人性的人才搭配，是实现目标、完成任务、解决问题的最佳方法实践，使得经营管理四两拨千斤"结论。

在企业经营管理中，究竟是人才还是体系对企业管理发挥的作用大？它们各自的贡献边界在哪儿？对于企业决策者而言，偏向经营应变的则倾向于关注人才和资源，尤其看重业务人才的价值，而偏向内部管理的重视体系规范，执着于标准化程序化运作。

体系建设的理论基石：一项政策/方案/制度设计实质上是游戏规则的设计，以此激励（约束）组织内群体行为。制度的改变意味着组织成员方向的调整，从而意味着组织成员行为的改变。譬如，企业宣布办公场所不得吸烟，人们就会降低吸烟的意愿、降低对吸烟现象的容忍；企业宣布对技术改进实施奖励，就会有更多的人愿意提出合理化建议。

好的体系保障运转效率，好的人才提升效能（关键岗位选用优秀人才，优秀人才保障效能）。即便一个企业拥有再好的机制（体系），也无法轻易进入一个陌生的领域，除非你决心付出不可预知的代价，不惜重金聚拢一帮熟悉这个领域的中高级人才，愿意花足够的时间在这个领域变得强大。

转谈人才，"治国经邦，人才为用""一年之计，莫如树谷；十年之计，莫如树木；终身之计，莫如树人。"人才是企业的第一资本，企业竞争最终体现在对人才的角逐和开发利用上。拥有一支高水准的人才队伍，就建立了核心竞争优势。企业活力的三大源泉：灵魂人物、人才、创新。——其中两个源泉是人才！

在当下，体系落地的核心支撑仍然是人；照目前发展趋势看，未来的标准化运作甚至复杂问题的处理或许有赖于人工智能技术。人、事匹配度越高，体系越容易成功落地。一套体系落地，需要具备三个条件：

有一群懂体系会搭建体系的人；有一批由衷拥护与支持体系化运作的干部群体（实际管理执行干部阶层）；体系适用对象群体的整体素质水平能够理解体系、会应用体系。

在企业管理中，究竟是人岗匹配还是人事匹配，人才搭配管理对工作开展有无实际作用，深入研究有助于科学选择管理理念和改善管理措施。招聘工作者普遍根据岗位找人，人岗匹配高则招聘录用机会大，属于从效率角度思考；企业决策人发现优秀人才优先评其估能力及意愿，不受现有岗位束缚，属于从效能角度思考。

任职资格常以符合职位所需的学历、专业、经验、技能描述。任职资格要求来源于工作分析（职位分析），讲的是人—岗匹配，找到满足岗位任职条件的人。完成任职资格体系的构建后，每个企业都希望员工人人胜任岗位任职资格，事实上这种理想状态根本不存在。所以就有了从 HRM 到 HRD 的进化，从静态的人—岗匹配转向追求动态的人—事匹配。HRM（人力资源管理），根据岗位需要提供匹配岗位的人；HRD（人力资源发展），满足或激发个人需求从而推动组织发展，实际上是根据人的志趣和擅长实现人—事匹配，并通过不同人才搭配合作的方式覆盖和满足部门岗位任职资格总和。从 HRM 到 HRD，即为从削足适履（人—岗匹配）到人尽其才（人—事匹配）、默契合作（人才搭配）里程碑式的转变。

要求人岗匹配则偏静态考虑问题，追求人事匹配、人才搭配能够聚拢各种优秀人才合理搭配使用。在批量招聘基层职员或操作工时一般考虑人岗匹配性，而招聘中高级管理人员时对于人事匹配、人才搭配的考量则更有价值。

第九章
论人事匹配和人才搭配在企业管理中的实用价值

第一节 选人做事，人事匹配

选人做事——选谁做，做什么事，是完成目标、任务的核心，也是解决问题的关键所在。规划蓝图是不是海市蜃楼，能不能抓住商业机会，取决于人选。有合适的人选就干，没有则战略性舍弃。

选人首看价值观，此关不严后患无穷。万科科创始人王石倾向于选懂规矩的人做事。懂规矩、讲规则，才能在共识框架内高效协作。王石坚持选价值观一致、彼此信任、默契合作的人。对王石而言，"选对人做事，比什么都重要"。

举例1：由于多种经营业务属于贪腐重灾区，小陈因为忠诚和正直又是老员工，被公司选中做多种经营业务，但小陈多年来一直做硬件工程管理。找一个擅长硬件工程的人做多种经营业务，连续三年多种经营收入在300万～500万元/年徘徊。通过内部人才盘点发现一名擅长广告业务但目前在职媒体公关岗的小伙子，经评估后鼓励其挑战多种经营业务、增加承担多经职能，其花了两个月的时间盘点多种经营资源及合作资源，然后多种经营收入一个季度就达到800万元，呈现爆发性增长。换个理念，换个人，结果大不一样。

以事择人，根据事情的难易程度，选择合适的人做擅长的事情。年纪轻的、资历浅的、肯吃苦的，安排做具体的事，允许和包容在小处试错；年纪大的、经验丰富的、责任心强的，安排做业务指导和项目管理，向其要结果和人才培养输出成果。

做个伯乐，辨识千里马——得人才者，得天下。面人选人时，暂时丢掉情感与形象思维，才能毒辣。集中读人性格、三观、思维方式、心理变化，估其料质，再考察其人掌握的技能及学习精神。

举例2：人力资源总监甲尤其擅长招聘，但在员工关系方面较为薄弱，该岗位要求擅长招聘配置和员工关系，理想化的要求很难找到这样的人。绩效经理乙的劳动法知识扎实、劳资纠纷处理经验丰富。在实际操作中，根据人才的不同知识、能力、性格，让甲集中做好招聘，同时涉及员工关怀服务，让乙增加劳资纠纷处理工作内容。

如果硬要求甲负责招聘配置和全面的员工关系管理，势必造成乙资源的浪费，同时又未必能做好劳资纠纷事件的处理。由此看来，人—岗匹配和人—事匹配，不同的人力资源配置理念带来不同的效果。

因事选人，选对人效率高；因目标选人，选对人效能高。发掘或引进优秀人才——用人之长避人之短，科学的人事优化配置，让20%绩优人才创造80%业绩。

想要充分发挥新入职或新晋升晋级员工的作用，尤其需要人力资源和用人部门共同严把"选人做事关"。挑选人才，先要清晰地知道用人部门的实际运转情况、实际需求，辨识应聘者的长短板，结合应聘者的做事擅长、专业能力，做到人、事匹配。

第二节　洞察人性，互补搭配

人才科学搭配——洞察人性做好搭档组合，团队默契，大幅提高人才资源的利用率。人的性格脾气、管理风格等存在差异，合作与摩擦并存，如总经理与总经理助理、业务板块正职与副职负责人、部门正职负责人与主要助手若搭配不好，可以预见人际关系内耗成本。

举例3：某城市有三个HRBP（人力资源业务合作伙伴），HRBP要求本岗首先擅长招聘配置、员工关系，会处理基础人事。三个人其中A尤其擅长员工关系，招聘很弱，基础人事完全不行；B较为年轻，偏内向，擅长员工入离转调、薪资核算；C综合性比较强，整体满足HRBP岗位任职资格需求。若从人—岗匹配要求角度出发，A、B肯定要下岗，但C这样的人可遇而不可求。人—事匹配、人才搭配，组团资源配置，就能解决实际问题。

举例4：珠宝店的珠宝顾问搭配销售，乃人才资源优化配置利用的最佳实践案例之一。会销售的珠宝顾问不仅喜欢卖难卖的高毛利货品（翡翠、彩宝），也喜欢卖容易卖的货（黄金）——因为不需要费心，不需要技巧。顾客往往只需看当日金价，决定是否购买。从接待到完成交易时间很短，更

第九章
论人事匹配和人才搭配在企业管理中的实用价值

多时间放在了收银排队上。销售一般的珠宝顾问卖翡翠、彩宝的交易成功率低,有的存在赌徒心理——一门心思想卖翡翠,卖个大价钱,结果往往碰壁,因为需要专业知识和较强技巧才有机会成功。

不会用人的店长,强调机会公平,于是安排每人轮流值班不同品类的柜台。结果平日成交量和成交额波动起伏,成交机会极不稳定。会用人的店长将难卖的货品(翡翠、彩宝、钻石)交给会卖货的珠宝顾问主销,其他辅销,将易卖的货品(黄金)交由销售新兵或一般珠宝顾问。事实证明,成交量和成交额稳步上升,且成交率趋于较高水平的稳定。

其实每个人都是"人才",就看放的是不是地方、搭配是不是合理。一个企业、一个部门的岗位之间既有不同也有互相关联。同一组织的人才搭配,不仅知其所长,也须洞察岗位人才之间的关系协调性、同事之间的匹配度。一个强大的团队,应该是团队所有成员的知识、能力、阅历、性格、动机的互相补充补位,如此则能大幅提高人才资源的利用率。

第三节　人才搭配三大定律

尊重每个个体的差异性,坚持"尺有所短、寸有所长,用人之长,不挑人之短"的用人原则。用搭档长板狠补己之短板,是谓优化人才搭配(人才结构)。急性子、慢性子组队搭配;敢于善于决断的、宽厚包容善于参谋的组队搭配;性格活泼的、生性安静的组队搭配。——此乃人才搭配三大定律。人才结构(人员搭配)存在致命缺陷,领头的发展命运堪忧。

举例5:事业部三位高管:Z个性张扬,雷厉风行、敢提议、敢决策、当然也有决策失误的时候,用人方面比较独裁;H个性低调,胸似海宽、能屈能伸、察言观色、有耐心善协调;L个性活泼、做事细致、不善决策但执行力强。根据人才搭配三大定律,考虑Z做事业部总经理、H做副总经理、L做总经理助理。准确把握员工特点,搭配使用才能和谐共处、有序竞争、保证组织绩效。

刘邦为什么能打败项羽统一天下?依刘邦所言:"夫运筹策帷帐之中,

决胜于千里之外,吾不如子房。镇国家,抚百姓,给馈饷,不绝粮道,吾不如萧何。连百万之军,战必胜,攻必取,吾不如韩信。此三者,皆人杰也,吾能用之,此吾所以取天下也。项羽有一范增而不能用,此其所以为我擒也。"

在当今社会,任正非与孙亚芳("左芳右非")、马云与蔡崇信(永久合伙人地位)、王石与郁亮就是很好的事业搭档。以"左芳右非"为例,华为董事长孙亚芳舌吐莲花、气质儒雅、长袖善舞,任正非眼光前瞻、理念独到、居安思危,于是孙亚芳主外及负责市场、人力资源工作,任正非主内及负责战略研究。

当企业尚小的时候,创始人或创始合伙人可以亲自管理,选人和搭班子不那么紧迫;当企业达到一定规模时,选人和人—事匹配、人才搭配就迫在眉睫了;当企业规模庞大时,已经完全离不开多层次的人才队伍了。

做千手观音是小公司老板的个人英雄情怀,终究会发现仅靠一人之力难以成气候。企业家的核心贡献在于领航,发现、引进、孕育、选拔一批优秀的人才,使企业具备相对竞争优势。"人才是企业的核心资本",企业竞争体现在对人才选用角逐上,没有人才,就没有未来。人—事匹配、人才搭配是选人用人的关键。选对人、用对人、搭好班子为企业发展建立强大支点,正所谓"得人才者得发展,有幸得天下"。

企业家的雄心受制于人才瓶颈。大胆的人事匹配和洞察人性的人才搭配,是实现目标、完成任务、解决问题的最佳方法实践,使得经营管理四两拨千斤。

术语解释:

效率:关注有无提供结果、有无达到最低验收标准、结果时效性如何;强调及时把事情做对,建立在做正确的事情基础上。

效能:关注应对内外部环境变化的管理决策能力,强调做正确的事,侧重效益和潜在利益。

第四篇
管理手段研究与实践

第十章

过程管理与结果管理遵循的基本原则

在日常管理中,关于过程的把控及结果管理的原则需要加以明确,研究梳理过程管理与结果管理的逻辑关系、管理原则及方法策略,提出了"过程尊重规律和撬动人性、结果侧重客观数据但有限柔情"的管理原则。

第一节 过程管理与结果管理的基本常识

法国管理学者法约尔提出过程管理观点,通过计划、组织、指挥、协调、控制职能实现过程链条管理,后续学者各自发挥,形成过程管理学派。在过程管理中不断改进和调试,保障管理的科学性和结果可控性。结果管理则强调提供结果才有价值,过程管理是必要的,但面对结果时态度是鲜明的,组织会以绩效奖惩、人事调整等措施表达态度。对于业务攻坚,强化结果管理既必要也恰当。

日常管理过程中,需要各种管理要素的综合运用,平衡考虑管理原则、规矩、程序与标准、人性等,客观结果最终会验证管理方式的有效性。过程再完美,结果不好,也需要复盘;结果向好,但过程明显存在各种问题,必须考虑结果的偶然性因素,戒骄戒躁。

结合过程与结果管理的理论常识,笔者认为,过程管理的基本原则:尊重规律,不违人性;结果管理的基本原则:数据说话,不示柔情。简言之,过程柔情、结果冷血。

第二节　过程管理：关于"尊重规律、不违人性"的解读

一、尊重规律

在日常经营管理过程中尊重常识性规律和行业优秀做法，过程管理讲求思想输出、标准化操作、技术与方法教练，过程充满柔情关怀、沟通激励。决策者输出思想理念给到执行者，如能形成共识将有助于执行者充分认知理解结果的价值。没有结果或结果逾期，多半是效率问题，影响效率的主要因素是技术原理、方法论、操作规程等规律的把握能力，因此在过程管理中师带徒、老带新，悉心教练，讲求技术能力、方法策略能力的共享传递，必有助于如期提供结果。

拥有丰富经验与成功案例的人，或许不需"遵守严谨的步骤、恪守明文标准"，是因为个人的熟能生巧、经验内化为习惯性意识和行为，在流水线上的经验型作业人员即所谓的"熟练工"。当涉及规模性生产、百人以上团队管理，个体经验毕竟有差异，若要保证产品质量每一批次均达标，每一环节均无风险隐患遗留，那么就需要将方法策略、作业步骤等整理提炼为生产管理标准，固化和持续优化标准。

违反规律做事，必然导致内在逻辑的错乱，即使短时间内看不出问题端倪，随着时间的流逝和验证，问题终将暴露无遗，适得其反。科学决策，程序严谨的过程管控，是对预期结果的有力保障。稻麦播种浇水施肥生长、桥梁设计施工通行、卫星研发测试升空等，都有其自然规律、设计制造环节及周期约束，罔顾事实、任凭主观意志决策的行为案例，历史教训历历在目。

第十章
过程管理与结果管理遵循的基本原则

二、不违人性

人不是机器,行为过程伴随着丰富的心理活动,且受人性的驱使。人性有三:自私、贪婪、善舍(爱),自小受到社会浸染的人在人际交往中总要洞察和撬动人性,尤其是成长为管理者更需对人性通透。

洞察和尊重人性,不仅是管理个体责任,也是组织制定政策、沟通激励、人文关怀时予以考量的重要因素。日常管理中不能一味理性,每一位组织成员不是纯粹的经济人,有着人际关系顺畅、社会地位认知、情感归属等复杂的需求,让组织成员感受到温暖、释放激情、充满干劲儿,是过程管理的基本目的。

践踏和抑制人性,只会让人的主观能动性处于低水平徘徊,行动意愿消极,需要依靠强制手段、行政指令才能迫使人行动,在非封闭性组织中强制性发号施令效果不尽如人意。若结果需要高难度的、创造性的付出才能实现,违背人性的管理则良好愿望容易落空,因此在组织管道中有序释放人性,充分沟通激励,才有机会激发人解决难题的动力和能量、才会激发人的创造性。

缺乏科学规律及人性化过程管理的结果承诺,等于一堆谎言。尊重科学规律的、不违背人性的过程管理,保证结果可预期。

第三节 结果管理:关于"数据说话、不示柔情"的解读

一、数据说话

结果管理讲求数据说话、证据证明、逻辑推理,结果应用铁血意志、理性处理。事实、数据、证据说话,是最大限度还原真相的方式,客观反映一

个组织的整体绩效、组织个体的绩效表现。个人感性陈述结果情况,管理者感性思考判断,经营管理会走向灾难。如果主观判断结果情况,一会造成管理有失公允,二会发出"围绕领导主观喜好"的激励导向信号,尤其业务团队如果接收到如此信号,在充分竞争的市场中必会落败。

在企业中,用财务数据呈现终极结果,用管理数据呈现阶段性结果,用证据证实各项成果,结果评价规则统一、公开、透明,人们围绕共识性游戏规则良性竞争,要么脱颖而出、要么愿赌服输,如此才能推动企业健康有序运转。用数据说话,拿证据坐实,信服力不言而喻。

同一个人或同一个团队一两次没有结果可以再给机会,连续不能提供结果就不能生妇人之仁、不能过于展示柔情,应不受情感困扰铁血意志、理性处理。否则,会从精神层面上削弱一个人或一个团队的战斗意志、业绩决心。

结果导向、以终为始,部署任务是起点,查看结果是终点,统计终点数据调整下次起点人选。

二、不示柔情

结果管理中的柔情,是建立在理性框架基础上的。对于拼尽全力而未能实现目标的人,结合其过往的历史贡献和责任担当精神,在结果认定环节不示柔情,在责任处理的同时保持极其有限的柔情关怀,仅在规则允许的范围给予责任之外的适当照顾。

非性质问题,虽不必一棒子打死一个人,但结果管理遵照每个人签署的责任状、公司奖惩标准来落实即可。对一个人所提供的事实结果有一个清醒的认知,而不是模糊了判断边界。结果管理,先小人后君子。提前明确责任、授权、利益,责任规则看似无情,实则双赢。结果呈现达到或超过预期的团队,给予相应的奖赏,倾斜性奖赏突出贡献者,大胆提拔重用其中的关键贡献管理者;结果呈现跟所承诺目标差距过大,深入剖析分清责任,势必严肃处理一批不得力的管理者,又对部分管理者给予新的期待,经过三次或以上机会考察发现其绩效始终平庸或难堪,要么换岗要么出局。

对于结果的处理,数据说话避免犹豫不决,理性决策才能清醒;对于过程的关注,除了遵循规律外还要释放善意,感性关怀才有温暖。

第四节 "过程尊重规律不违人性、结果数据说话不示柔情"的应用场景

对于承担组织绩效的管理骨干和承担个人绩效的业务团队,部门管理或业务目标实现过程中方法策略和沟通激励、结果数据说话就非常必要,呈现出"过程宽松灵活、结果严厉奖惩"的管理色彩,毕竟市场不会对企业施与恩慈。

对于重大项目工程的指挥部署和实施进度,也需要做好关怀激励,遵循程序标准、采用专业技术推进,客观反映项目工程的阶段性进展及成果。既不能在过程管理中摆出一副臭面孔、冷漠姿态,也不能在结果不好的情况下柔情处理,同样应呈现出"过程严谨和激励、结果清晰和理性",通过"提倡与反对什么"的理念导向、管理手段推动员工高绩效产出。

对于重点考察的人选,在给予挑战机会时,充分信任和鼓励,通过资源共享和悉心教练从而实现知识能力传递,但在结果提供方面严格评估验收,综合衡量结果效率效果满意度、投入产出比。

过程尊重规律与撬动人性,结果侧重客观数据与不示柔情,是管理的基本原则。在不同的场景和时机,转换不同的原则和管理面孔示人,鼓励团队在实践中学习成长,推动组织绩效达成。

术语解释:

过程管理:通过技术/方法/工具的应用、人性撬动等,达成既定目标或任务、恢复原来状态或达到理想状态。

结果管理:以输出结果为目的,按照规定的时间、高性价比的投入产出、验收标准输出组织想要的成果(包括但不限于经营管理数据、项目成果)。

基本原则:一个组织中所有成员的言语行为准则,观点、行动、决定产

生分歧争执时的处理依据，人们所遵循的基本游戏规则。

规律：已经被证实的或长期以来仍未被证伪的、普遍适用的、持续稳定的科学技术原理、方法论。

人性：人的本能欲望属性，包括自私、贪婪、善良。

第十一章

调集优质资源聚焦高价值目标的实现过程

目标的实现需要配套资源的支撑，否则目标可能就是空中楼阁。通过资源支持与目标实现之间关系的探究，梳理出优质资源与高价值目标的内在联系。研究发现，优质资源主要包括利好政策、充裕资金、优秀与高潜人才、黄金时间。优质资源的倾斜性配置是挑战高价值目标的基础保障。只有积极地调集优质资源，并将有限的优质资源投放到高价值目标身上，才能大概率实现组织目标。

只需一面凸透镜，就可以在阳光下引燃火柴或纸张。凝缩所有力量到一点上，可以起到资源分散做不到的效用；在促销中，抓住消费者贪便宜这一点心理需求做好促销策划，在直接让利方面做足做透，促销成功的概率远比同时满足"贪便宜、产品美观、结实耐用、售后保障"等多方面需求大。杰克·特劳特深刻洞悉人性的缺陷——喜欢贪大求全、爱慕虚荣，于是提出了定位理论，充分强调了定位聚焦、资源集中。淘宝、拼多多等在发展进程，无不深谙此道，品牌、平台、产品鲜明标签的确立，既是更多业务机会的选择性放弃，更是某种业务机会或消费群体的深度获取。

目标的实现取决于决心、路径设计能力、资源配置水平。分散资源固然可以降低风险，集中资源却更有机会成功（推动实现目标）。如果把资源投放于目标实现过程，为了集中资源，就需要对目标数量做减法。发现目标数量无法减并时，优先辨识和关注高价值目标。在资源和目标之间搭建一个管道，让优质资源有序流向高价值目标彼岸。当资源多时以较为充裕的资源保障组织的日常运维，当资源少时以少量的资源维持组织的日常运维，无论资源多寡均调集优质资源保证高价值目标的实现。

第一节 资源有限条件下避免资源分散消耗

资源有限条件下，工作内容越分散，资源配置越摊薄，对组织目标的贪多求全会造成工作质量粗糙、负重前行。在管理中，管理改革摊子铺得太大且无紧密关联，资源（资金/人才/技术/设备）就会被分散使用，做大的同时现金流捉襟见肘、关键人才短缺、核心技术缺失等风险陡升，不能聚焦深耕导致竞争优势丧失。在组织绩效指标选择方面，现实实践中往往求多，指标库在迅速丰满的同时也潜藏了目标实现所需资源分散的风险，意愿和结果必然南辕北辙。

政策、资金、人才、时间资源有限条件下，有效优化配置资源才是资源管理的本质。

投入使用资源后，没有产出的活动是资源浪费，产出可怜的活动是资源过度消耗。警惕资源的过度消耗，需要从政策、人、钱、时间、状态五要素盘点组织资源，把闲置资源用起来，把负债资源割舍掉，增加必需的新资源，实现优质资源的集中调集。对于资金和人才等资源，让沉淀的资金流动起来，让躺着的人才站起来，让静态的数据跑起来。

极端吝啬有限的资源，决不在无价值的事务性工作上消耗太多资源，包括在价值不大的事情上耗费精力制定和优化政策、投入过多资金、人力和时间。应以最低或相对较低资源配置维持常规作业的正常运维状态，将有限的优质资源优先向重点工作领域倾斜，把优质资源集中投放到高效度目标的实现过程中。

不妨把人才分为绩效优秀人才、高潜人才、普通人才、问题人才、绩效差劣人才，在不同人才的使用方面需要最优组合，做到人和事匹配，并要充分考虑人才的使用成本和事项的价值大小。目标和内部资源（尤其是人才资源）之间的优化匹配，是人力资源发展的重要工作。优秀人才产生高绩效的概率更大，优秀人才如若精力分散、平均用力等于组织在低效使用人才智力和能力。普通人才、辅助人才日常工作的一大功用是让有限的优秀人才能够集中精力全身心投入到最有价值的事情上，聚焦高效度目标。

第二节 采用"三效法"辨别高价值目标

目标管理必须做减法，可以用"三效法"评估目标，辨别高价值目标。"三效"指效度、效率、效果。效度，此处目标的效用价值大小，有无全局性影响；效率，有无提供结果、有无达到最低验收标准、结果时效性如何；效果，有无达到组织意图、有无产生经营管理效益，组织是否满意。

效率可以通过行为标准化、流程化、科技化手段提升；效果取决于行为过程的科学性与逻辑性，以及行动人对意图的深度理解和把握。对于效度的辨识，才是最为困难的，考验决策人的目标选择、设计与评估能力。对于企业而言，看目标距离直接创造财富有多远，距离越远，目标的价值越小，同时还要看完成一个目标可能需要的能耗，有一定价值的目标但需要巨量的能耗，那么实现目标的意愿也会受挫。对于经营部门，目标的效度和预期效果为大；对于业务支持部门，目标的效度和效率反而更重要一些。由此引申，对于经营部门职员，侧重要求提供经营业绩/绩效结果，对于职能部门职员，侧重要求管理行为的意义和执行力。

无论是经营部门还是职能部门，都面临对目标效度的关注和思考。优先评估目标的效度，慎重评估每一项目标的战略价值与战术价值，以及达成目标所需投入的资源程度。组织层面指标应少而精，能反映公司整体战略设想，基本覆盖组织短期、中长期追求。基于战略聚焦和实用主义考量，目标数量能减并的减并，忌面面俱到、均衡用力。狠抓要害，战略抉择之后是战略舍弃，摆脱指标内容及数量求完美的冲动困扰。

第三节 调集优质资源聚焦高效度目标

评估和用好涉及授权与攸关切身利益的政策，当没有政策资源时就要政策，要不到政策时就要申请充分授权和摸索许可，将利好政策用于高效度目标的实现过程。以深圳特区的发展史为例，改革开放初期，对于深圳投入的资金、人才等资源其实有限，但给予深圳的政策无疑是宽松的，允许摸着石头过河，特区内推出各种利好政策先行先试，用了三四十年的黄金时间快速发展为一座锐意创新、科技气息浓厚的大城市。

对于绩效优秀人才还可细分类别，主动辨别目标管理型优秀人才与任务管理型优秀人才，秉持人事匹配、人才科学搭配和优秀人才资源多多益善原则调集优秀人才资源投入到高效度目标的实现过程。如果把企业目标，可分为公司级、业务板块级及公司一级部门级、项目经营单位级三级目标，此目标体系属于组织绩效，适合目标管理型优秀人才担当。目标需要工作计划及各种具体任务的部署才能有序达成，多数任务类工作一般由个人或小团队承担，适合任务管理型优秀人才担当。

把最好的年华用在事业奋斗和梦想实现过程，把每天的黄金时间用于紧急重要事项的处理中，此谓时间管理的基本法则。黄金时间不开会、不座谈、不访谈，做好事情的轻重缓急分类与黄金时间的匹配，把黄金时间优先留给高效度目标的实现过程；充分考虑到一个人的最佳状态与低迷状态的行为结果落差，积极激发和保持优秀人才的最佳精神状态，让有限的优秀人才全身心投入做最有价值的事情。

对于规范性企业或其他组织，年度预算及专项预算是基本功课，当预算有天花板时，必须考虑预算的合理分配。正视资金预算资源的有限性，做好资金预算分配与内部弹性调剂，优先保证充足资金预算资源投入到高效度目标的实现过程。

高价值目标往往具有较高的挑战性，按部就班运作几乎没有达成的可能性，因此需要更多的优质资源来支撑和突破现实瓶颈。组织的优质资源越多，高价值目标实现的概率就越大。

在实际管理中，团队容易陷入目标和资源双重分散的误区，无法做到全程聚焦。组织目标能否聚焦，优质资源能否集中使用，主要取决于决策团队的持续聚焦管理能力。

第十一章
调集优质资源聚焦高价值目标的实现过程

第四节 应用价值与应用范围

　　从战略角度出发，考虑到必须要拿下某个目标、某个关键成果时，为了大幅提高成功率，则可调集"利好政策、优秀人才、黄金时间、资金保障"等多方面优质资源。在资源极其有限的条件下，集中优质资源虽有较大机会保证目标的实现过程可控，但也会对其他目标及运营常态产生负面作用，企业应做好预案并从心理上准备承受一系列负面问题。

　　在管理实践中，全面健康运营的资源充足性属于理想状态，资源不足甚至捉襟见肘才是现实常态。企业若要实现管理改革突破，那必须在管理改革的配套资源方面给予较好的保障；企业若要实现利润目标的挑战突破，那必须统筹调度一切资源满足当下经营策略。

　　调集优质资源聚焦高效度目标的应用范围：

（1）明确战略方向，贯彻战略设想时；

（2）设定组织目标，分解组织绩效目标与提出资源需求支持时；

（3）为了完成挑战性任务、攻克难关时；

（4）聚焦某一组织功能，追求理想状态时；

（5）聚焦某一项目定位，打造高品质标杆时；

（6）……

结　　论

　　目标不能实现，或因目标不清晰，或因资源配置匮乏，或因操作程序不稳定，或因执行力度软弱，或因客观环境发生重大变化；高效度目标不能实现，或因目标值脱离逻辑，或因目标值建立在纯理想环境推理基础上，或因资源配置平平，或因决心和贯彻力度不够。

　　在社会经济平稳运行、行业发展趋势明朗、政策相对成熟的环境下，所有的资源中人才、资金资源最为关键。一两个异于常人的超级英雄主导，一份时机刚好的必要资金支持，将从根本上扭转局势，让进程朝着有利于目标实现的方向发展。

各行各业的收并购行为，尤其需要资金实力支持。在任一行业中，多数有一定规模的企业都能看到收并购机会，但并非每家公司敢于出手，公司需要先盘点自身所拥有的投资人才、尽调审计人才、投后运营人才，以及郑重评估自持资金的多寡和资金的外部获得性。企业家的雄心，建立在人才团队和充裕资金基础上。所以说，人才危机或财金危机，是企业生存发展的致命危机。

术语解释：

定位：确定一个品牌或产品的形象及功能边界，影响消费者的心智模式，从而与竞品区别开来。

标签：大众（用户为主体）对品牌、产品、企业形象特征的普遍印象、认知。

资源：指一个企业或组织拥有的政策、资金、人才、时间、精神状态等各种要素的统称。

聚焦：控制某种或多种资源聚汇入合流的过程。

目标：指一个企业或组织期望达到的可精确衡量或可清晰描述的状态或境地。

任务：承接上一级目标的短期工作成果，工作成果的达成直接有助于目标的实现。

效度：本书指目标的效用价值大小，有无全局性影响。

效率：关注有无提供结果、有无达到最低验收标准、结果时效性如何；强调及时把事情做对，建立在做正确的事情基础上。

效果：有无达到组织意图、有无产生经营管理效益，组织是否满意。

优秀人才：在同一个企业或组织中横向比较相对符合岗位任职资格、相对满足岗位胜任素质要求的人才。

黄金时间：根据人的生理作息周期规律，一个人或一个团队周期性循环出现的注意力集中、精力旺盛、精神状态最好的时段。

收并购：企业通过现金、证券、股权置换等各种形式获得其他企业的部分或全部股权，或两家及以上企业合并重组的行为。

第十二章

决　策　力

　　决策是管理过程的重要组成部分，决策及执行决定管理行为带来的后果。既然认知到决策的作用，研究决策类型、决策群体、决策较量，有助于提升决策力。对于常规问题要花多长时间做决定，对于突发紧急事件该怎样做决策，对于利益分配方式又需要耗费多少精力思考决定，……当各种事件前后来临时，决策过程常会遇到困扰，不同问题决策的依据和策略是什么，如何才能从容决策；当实力对称时，有可能出现决策较量行为，对于管理者决策行为也是一种严峻考验，如何做提议式决策、如何游说达成共识性决定，就需要深入分析决策力的构成因素及策略变化。在研究过程中，笔者大胆提出决策力由决策类型、决策群体、决策较量要素构成，简明阐述了决策人的分析判断能力、决策群体的决策全过程所遵循的基本原则、决策较量中不同角色的决策策略。

　　在一生中，每个人都会面临选择，面对选择可能产生的后果运用不同思维方式分析判断，继而做出必要的决定。一个人的分析、判断、决定过程，即决策过程。当无可选择时也就不存在决策。

　　拥有实力和权力，才拥有决策机会，管理者（尤其业务管理者）一般拥有决策机会。管理者虽拥有决策机会，却未必有决策意愿和勇气，对于非常规的低风险事项不愿分析判断，不担责任、不犯错，将问题抛给上司、决策托付上司。

　　在决策过程中，有的人害怕承担"选择或决定带来的后果"于是逃避决策。逃避决策背后的动机实乃"不想承担哪怕1%或1‰的决策风险"，

第十二章
决 策 力

存在法不责众侥幸心理,正所谓平庸管理者的混世生存哲学。有的人会过于注意舆论意见,担心个人内心深处的决定会挑战参与决策群体的认知底限,于是违心采纳多数赞同的决定。

苛求完美的决策也会有问题,完美的决策建立在理想条件下,现实与理想之间往往会有差距,作出选择或决定若要求方方面面顾及到不太现实。完美的决策出自温室之内,根本经不起实践环境的检验。

决策为执行提供了明确方向,但情绪化思维方式有可能会限制一个人的决策能力,情感化决策在保障结果可控方面存在很大不确定性,决策权需要赋予审慎、果断、勇敢的人,优先授予冷静、理性的管理者。

在信息技术时代,决策愈发需要建立在数据统计分析、大数据变化趋势基础上,譬如赫伯特·西蒙等学者的决策程序理论。关于常见决策理论的研究著述方向,本书无意就此延伸,转而从决策层级与决策速度/决策严谨性的关系、决策艺术、决策较量角度简述决策力。

第一节 理性决策的价值

理性决策建立在重要事实、证据、数据基础上,通过严密的逻辑推理、构建决策模型、抓要害和关键细节预见趋势,进而做出有利于实现意图的决策。政府及企业决策最怕一言堂,缺乏参议和纠正机制,主观臆断的决策容易导致行为偏差,或耗费大量资源致力于明显不适宜的事项,决策后的行为成本过高。困境的出现由主观情绪(情感决策)和实力导致,顺境的孕育建立在逻辑推理(理性决策)和预见基础上。

大数据分析预测、人工智能决策有助于决策不受情绪因素的干扰,是人类理性决策的重要辅助资源。目标设置、数据预测、逻辑推理、系统分析、投入测算、可行性测试、成功概率推演,是理性决策的必要环节,随意砍减环节的决策往往急功近利。

获取数据报表/情报信息、权衡利弊、分析判断前提下的理性决策能力是管理胜任的必备条件之一,缺失则一票否决。对于中高阶管理者而言,不掺杂私人情感的理性决策有助于步入核心决策圈。

第二节　决策力的构成

当处在决策拍板位置时，每个人都面临决策压力，需要做出选择，或一锤定音作出决定，并承担相应的决策责任。决策力就是一个人在获取情报信息基础上结合他人建议，分析判断后抉择或提出最后决断意见的能力。决策力由决策类型、决策群体、决策较量三个基本维度构成，精英群体之间集中在规划、战役、战斗层面激烈较量决策，当决策权力不够时立即使用决策提议渠道。

一、决策类型

（1）战略决策：战略决策包括规划决策、战役决策。规划指战略蓝图、全景思考、资源统筹利用等方面的上游设计；战役包括重大项目工程、重大持续性活动，一般会设立专门组织保障落实。具备前瞻眼光才能把握趋势，做出具有远见性、高度、深度的规划决策，凸显决策质量；具备深远谋略、周密部署能力才能发起和指挥胜券在握的战役，是谓战役决策。

（2）战术决策：战术决策包括战斗决策、日常决策。战斗指为了实现战略目标的任务级别的关键活动，在总体战略框架下策略性灵活变通是战斗决策的显著特征；日常运维活动过程中遵循标准化、程序化作出的决定，解决日常常规问题或消除异常作出的决定，称之为日常决策。战斗决策要求择谏速断、慎决果决、灵活策略，讲究快狠准、藏攻摧，速见成效；日常决策为法律、规章、原则、共识、政治、人性、心理综合平衡的结果，讲究商务、合法合规、小心平衡、绿叶帮扶、顺畅服气。

二、决策群体

纯粹的、权力制衡的法治式民主决策效率低下但不易走向极权主义，但

第十二章
决　策　力

过于民主只会让决策效率极其低下，纵容搅局者恶意反对，一事无成；完全独裁必会让决策滋生权力腐败，默许当权者公权私用，制造一堆豆腐渣工程。决策是独裁与民主的结构性科学，也是平衡艺术。

分析判断力是你"从执行层跳往管理决策层的撑杆"，并非每个人都有机会成为管理者，管理决策尤其需要分析判断能力突出的人担当。

选错人搭建的核心决策和执行班子，先天跛足。决策班子成员若存在三观分裂、战略构想冲突，必将埋下深远隐患。作为管理决策的精英群体，应在决策前反复权衡，决策过程审慎民主，决策后战争魔鬼。战役决策倾听周边声音，自己拿主意，逐一说服后正式表决，最终达成共识；战斗决策则采纳他人思路，提出指导意见，提供所需资源支持，批复实施方案；日常决策充分授权，不对行动指手画脚，只问结果。

三、决策较量

当一个决策群体由投资人、实力派、专家构成时，在诸多重大事项面前不可避免产生决策较量。当较量激烈且发现无法调和，元规则就会发挥作用。谁来强行决定，取决于谁是掌握元规则的主动方。有的占据元规则优势，有的享有明规则权利，有的拥有潜规则影响，还有的勇于独立发声。

元规则下的暴力最强者特征：或为实际控股人、财务投资人，或为产出相对满意的经济效益的实力派；明规则下的法定暴力者特征：或拥有法定决定权（最终拍板权），或拥有一票否决权（关键一票），或拥有赞成或反对投票权（重要一票）；潜规则下的软暴力者特征：或拥有思想渗透式影响力者，或为意见领袖，或为强大游说者，或为勇于提出独立第三方专业意见的专家角色。

当代表三种规则力量的不同角色同时交锋时，拥有绝对硬实力的暴力最强者祭出元规则，拳头最硬的获胜者说了算。欲成大器，需大谋独断，或仅咨询幕僚，以排除周边人平庸从众心理之干扰。

当你处于管理岗位却无足够硬实力也无法定决策权力时，为了推动工作加快流程审批进度，那就一次性做足决策依据准备，包括"立项决策依据

（必要性、充分性、紧迫性）、费用或指标值决策依据（历史同比/环比数据、近期市调数据、代表性企业典型案例、确凿证据）、方案决策依据（是否解决现实问题/消除风险隐患/平稳过渡/满足战略需要/满足未来业务需求、不同方案利弊分析、方案操作可行性、应急预案）"，围绕提议释放信息有所侧重（丰简不同），既征询采集相关话份人意见，同时又适当投其所好，钻进决策人的骨子里，洞若观火并据此预拟沟通与行动策略，才能锁死决策人倾向同意己之决策提议。

科学理性是正确决策的基石，尤其是影响全局的战略设想、具体规划、利益分配、重要投资类决策，决策质量远比决策速度重要。对于任务决策、日常运维决策，相对依赖成熟的方案或标准体系，若非特殊异常事项，决策压力并没有那么大，决策效率反而更重要一些。决策原则与决策过程策略，因决策事项层级不同而有所不同。当决策成员的观点存在分歧时，就会面临决策较量，此时拥有绝对硬实力的暴力最强者则占据主动优势，相对被动一方最好通过积极游说、适当变通策略影响最高决策人的决定。

情商太高时，很难冲破趋利避害本能及人际关系重重顾虑，会削弱决策力，智商才是你在"竞争博弈中获胜、纷乱中定军心、作出远见决策的大前提"。在日常管理中，常以文化弥补制度之硬伤，又以制度保障文化之植入，更以弹性决策弥补制度与文化之缺陷。

术语解释：

决策层级：决策类型的一种分层分类法，分为战略决策、战术决策，战术决策又分为规划决策、战役决策，战术决策包括战斗决策、日常决策。对于规划、战役、战斗、日常决策概念，文中已有基本阐述。

权力的基本内涵：投资决策权的配置；财务收支审批权的配置；人事任免决定权的配置；合同签署拍板权的配置；制度督导奖惩权的配置。

民主决策：遵照票权平等、票数公平、少数服从多数原则作出的决定。

独裁：建立在独占权力基础上的按照个人主观意志作出的决定。

元规则决策：当一方拥有不可忽视的伤害力量时，足以打破明规则、潜规则，用拳头说话。当双方或三方均拥有重要的伤害力量时，要么暴力解决、要么小心平衡暂时妥协。

明规则决策：以公开的、法定或规章作为行为约束准则，鼓励双方或三方在法定或规章赋予的权力框架内遵循原则共识、合法合规决策。

潜规则决策：根据非正式的、约定俗成的、群体内多数认同的行为方式决策，权衡考虑意见领袖、重要游说团体的利益，或释放出尊重专家意见的姿态，当背离潜规则决策时，有可能面临巨大的舆论压力甚至"海啸"。

第十三章

语言的威力

作为社会成员，日常交往中表达、倾听、交换意见是社会生活的重要组成部分。组织成员之间的交流，可充分借助个人软硬实力发挥语言的威力。如何有效展现语言的威力，正是笔者研究的小课题。

语言的表达是有力量的，软硬实力的加持为沟通表达增加影响力。若要研究语言对组织运作、对受众群体心理和行为带来的影响，需要探讨支撑语言影响力的主要因素。在综合现实案例及相关零散观点的基础上，本章大胆提出外部四种因素、内部七种因素是对语言威力的直接支撑。

语言的硬实力包括人事权、财权、权力来源、背后支持力量，四种因素构成语言硬实力，奠定发言人的话份权；语言的软实力包括决断（决策）、决心（意志表达）、真实力、数据力、惜言、戳心力、心理距离把握力。

如果你的语言既能伤人，也能暖人，既可煽动群体情绪，也可平复群体骚动，大多源于你本人的身份地位或讲话的分量。兔子和老虎同样说硬话，成功者和平庸者同样演讲，受众的重视程度和认同接受度有着天壤之别。

别人是否重视你的话，取决于你所拥有的综合力量。在组织内，职位本身有无权限，能否决定一个人的调薪调岗，能否审批一项活动的资金支出，上台发言能否获得多数人或关键决策群体的支持，官方地位、人财处置权限、背后支持力量等将直接关系到你说话的分量。除此之外，你的决策表现、践行决定的意志、说真话的意愿、对数据的敏感性和娴熟运用程度、掌控语言篇幅能力及抓要害能力、心理距离拿捏尺度也将有机会扩展你的沟通交流影响力。

第十三章
语言的威力

上述各种力量因素中,可以把人事权、财权、权力来源、背后支持力量统称作语言生威的外力,缘于这些力量来源于外部因素,属于外部主导力量;而决断、决心、真实性、数据说话能力、惜言、戳心能力、心理距离把握力属于内部增助力量,因此称作内力。

外四力、内七力皆能为语言威力强劲加持力量。外力属于基础力量,内力在外力基础上展现如虎添翼;缺乏外力的支撑,内力的影响其实有限。

第一节 外力为发言人奠定"话份"权

外四力指:人事权、财权、权力来源、背后支持力量。

一、人事权、财权:人事与财金支配权力撑起硬核"话份"

常言道"秀才遇到兵,有理说不清",秀才天真文弱,以君子风待小人,实乃书生气——天真迂腐。被蛇咬了,跟蛇讲道理辨是非是极其天真幼稚的做法。喋喋不休讲道理实为弱势心态、屠弱行为。喜欢事事讲道理的人,骨子里不强硬。手握兵权、财权,才拥有硬核"话份",必要时霸气表达、震慑性征服。

秦国统一六国后,干的其中一件大事就是收回和统一铸币权,从而掌握了货币财权。历史上周朝天子人微言轻,从根本上来说,失去了调动各国军队的兵权,而唐朝节度使步步做大、说话份量越来越重,根源在于手握兵权等重要权力。翻阅中国历代王朝史,傀儡皇帝何其多,"橡皮""图章"角色致其语言份量微不足道。如果你敢说硬话,前提是你手握兵权与财权;不能口无遮拦当然也是因为你手握兵权与财权,因为当你拥有充裕的财金、嫡系部队时,你虽有"话份"却也会容易成为对手、潜在敌人的眼中钉、肉中刺。

在现代社会各类经济组织中,可以把兵权替换为人事权。人在其位,必须牢控财权、人事权与宣传舆论权,不容他人染指,才能为你的发言撑起硬核"话份"。决定重要人事任免、控制资金流入流出,则能牢牢把握整个组织的运转。在任何组织中,都会有资金流、人才流两个基本的流通管道,掌握了财权、人事权等于掌握了管道的阀门,不妨用开阀、关阀行为展示硬实力。掌握宣传舆论主导权也是非常必要的,组建宣传队伍,建设传播媒介与宣传渠道,持续不断输出组织或个人的思想理念与过滤后的信息,潜移默化影响受众的认知模式。

二、权力来源:官方地位赋予发言角色

交际场合中,我们不得不面对身份地位对等的秩序性交往方式,官方地位是一个人话份权的基础支撑。权力来源于正统官方地位,你工作中的语言可能代表官方发声,代表组织表态。官方地位带来的权力包括法定决定权(最终拍板权)、代表签字权、一票否决权(关键一票)、赞成或反对投票权(重要一票)。

联合国组织赋予五常一票否决权力,从安理会投票权正式安排上意味着不同国家代表在联合国各项事务的发言力量有着根本性不同。

企业为什么会赋予人事部门(干部管理部门)人事任免一票否决权?权力分散有助于降控用人风险。业务与人事在用人方面反复角力,需要在任职资格、程序合规性和用人偏好中找到平衡点。在组织授权规则方面,部门主管对不确定性事情(制度模糊或空白、无可依据)承担决策责任,一般运维人员对确定性事情(有法可依)承担行为责任;直接上司对干部的任用有提议权,分管上司对干部的任用有决定权(终审权),人力资源对干部的任用合规性有质询权和一票否决权。

只要你隶属组织,就有机会以组织身份角色发言,包括向组织内部发言、向组织外部发言。你的职位、职位所赋予的权力,能够使你代表组织发言。在合规前提下,组织内群体必须要尊重你的意见或决定。

三、背后支持力量:实力派的台前发言人

企业为什么会出现各部门负责人等讨好总经理/董事长秘书的现象?一

位合格秘书的一言一行背后都有决策人的支持或默许。人们敬畏的是秘书吗？或者是秘书背后的老板吗？都不是，人们敬畏的是权力，实力派手上的权力。

在企业中，经常会发生业务主管与职能人员语言激烈冲突现象，敢于冲突的本钱是什么？业务管理者能够为公司带来经济效益，职能人员能够降低经济效益的附带风险，从组织角度都应获得企业股东及日常经营管理决策者的支持，只是思考角度不同。在组织结构及权力设置方面，会考虑利益与风险平衡问题，因此就存在同时代表公司利益的多方互相掣肘的现象。

自身实力不够、缺乏背后强力支持的人"话份"权不够，正谓"人微言轻"，容易受人怠慢。一个人只有做实力派人物，其发言与行动才能做到无法被忽视，自然是交际场合的主角之一。无论你是否喜欢，你都无法避免与实力派人物打交道。

有些人只会畏惧权力，如果你不具备伤害对方实质利益的实力，对方搬弄是非或甩锅时丝毫不顾忌你的利益。但凡热衷于交际而疏于增强实力的做法，实属舍本逐末行为。功利性强的人，眼里只有"话份"人，其余惺惺作态待之。

没有绝对支持力量在背后力挺，台前发言人的语言威力始终受限，难以在受众心里掀起涟漪。啰唆显示无力，讲理暗含无奈。一旦获得组织实际控制人、经营管理决策人、管理团队等背后支持，语言表达方有底气。

第二节 内力为发言人加持影响力

内七力指：决断、决心、真实力、数据力、惜言、戳心力、心理距离把握力。

一、决断与决心：果断决策与意志力量

多数平凡的人瞻前顾后、优柔寡断，在失败或通往失败的路上心存幻

想、犹豫不决,最后错失机遇。在日常经营管理中,管理者经常面临决策,决断性表达是增强个人语言威力的重要方式。当决策攸关性质或核心利益时,不容犹豫立即决断,扼断周边任何人的得寸进尺之企图。在关键利益上不给人幻想,一开始就通过语言等形式表明战争(不惧决裂)之决心,让对手不得不掂量利害关系、尊重和兑现利益承诺。

决断原则:可透露可不透露的,不透露;可提议可不提议的,不提议;可反对可不反对的,不反对;可答应可不答应的,不答应;可通过可不通过的,不通过;可做可不做的,不做。危机时刻聚焦解决或缓和矛盾,只要不涉及核心利益的损害,应灵活让步、愿意付出更多代价,快速决断以在最短时间内解除危机。

在逆境面前,意志力薄弱者容易先败下阵来。以顽强意志践行决定或承诺,或有较大概率实现决策初衷。组织中聪明者甚多,但心性思动,易受外界诱惑,或受内部利益牵绊,很难创造奇迹。真正有机会成大器的,反而是摈除外界干扰、意志坚定的人。敢于善于决断,说话狠是因决心坚。决断下令、铁血意志突显个性魅力,个人则具有强烈的感染力和号召力。

二、真实力:真实表达的力量

人在趋利避害本能的趋势下,会下意识掩饰真相。在舆论环境或律法环境下,伪善大行其道,说出真相需要良心和勇气。掩饰真相、掩饰内心真实想法或意图,皆为伪善的体现。掩饰属于技巧性行为,一旦为人发觉,可能引发负面效应。世上有一种人,对其而言,对话也好、谈话也好,台前的语言真实性并不重要,重要的是他们想要表达的意图。他们从不暴露内心深处真实想法,并不在乎是否欺骗,只在乎是否达到目的。

还原事实真相即还原真实,需要人证、物证、音频及影像资料证据的支撑,通过整合证据拼接再现事件场景。人是谎言成瘾的动物,但谎言都是有时效性的,随着时间的洗濯,终究会褪去表面的光鲜,而赤裸真实的声音,直接击穿虚伪震撼灵魂、透入骨髓。以真推门,以裸入室,灵魂对话,瞬间拉近心理距离,这种语言叫作灵魂语言。灵魂语言的修饰建立在基本事实真

第十三章
语言的威力

实的基础上,本质是赤裸的真实。真实摧术,智慧挫术。任何技巧都应有边界,拒绝谎言与欺骗,用灵魂语言表达,辅以艺术性保留或呈现,将有助于增强语言表达的力量。若不加以艺术性处理,可能会因天真泄密而付出代价。

三、数据力:数据说话的力量

数据化的真实表达,更凸显理性精神。表达最怕模棱两可,以数字证据述实,数字语言冰冷佐证,彰显统计威力。不能提供清晰结果(数字呈现为佳)的强人,能力或许是有水分的,是在考验其他人对其的考察耐性。用数据说话,拿证据坐实,标注数据和证据来源及算法,信服力不言而喻;没有数据来源渠道/采集方式/统计维度/统计方法说明的所谓数据说话,缺乏公信力。

人天生为感情动物,需要理性的注入才能在决策过程中及时纠偏。以数字或假设为前提的逻辑推理是理性注入的基本方式。在演讲或游说时,激情四射没错,但若仅仅激情在线,则务虚色彩过于浓厚。引用足以说明来源和统计方法的一系列数字佐证观点,只要逻辑严密定足以给人饱实的感受。

过于抽象深奥的数字或图形符号,无法唤起民众的共鸣。将真实的数据加工,转化为普遍理解的业务语言,从而扩大受众覆盖面。用结构化的数字报表说话,比长篇泛泛叙事更有冲击力。

四、惜言:简洁表述的力量

街坊邻里爱闲谈,一个人或一件事可以作为谈资聊上半天;身居要津者常霸占时间,台上做报告长篇大论;表现欲强者好交流,表达口若悬河聆听者却寥寥。加长的语言文字,水分多、干货少,上述种种现象必然削弱语言的威力。一番话的含金量决定沟通的分量。交流时间越长,废话、重复的话越多,含金量越低。抓不住要害的人,说的话平淡无奇。

简洁有力,啰唆无力。简洁到什么程度?简到不能再简,简洁、直接、留白才有冲击力。孩提时,写长篇作文难,搜肠刮肚无词可堆砌;成人后,写短小文章难，舍不得删减一字，总感觉表达意犹未尽。

简洁到极致，则是沉默、文字留白，让人无限遐想。能用一字说明为何多说一句话，能用一句话讲清楚为何多说一段话，既消耗时间又浪费口水，还损伤个人魅力，无论如何精算都是亏本的生意。说话拒绝"满汉全席"，勇于删繁就简，说话内容以"密度"而非"体积"取胜，以"含金量"而非"吨位"服膺人心。

运用"高级语言"表述。大段文字或纯图片描述的语言是落后的啰唆语言。高级语言指由原理、技术模型、方法论、标题、关键词、短句、公式、符号、数据表、直观图（总览导图、结构图、集成图、科普图）、技术图纸、立体模型、360°全景图、AR（增强现实）/VR（虚拟现实）/MR（混合现实）有机组成的语言呈现形式。文字能图表化的图表化，图表能形象化的形象化，形象能智能呈现的以智能方式呈现（立体化）。用高级语言呈现思想、理论、规划、方案、体系、数据。用简洁而无歧义的高级语言表达想要表达的意思，可做到思路极清晰，表述极简洁。

话多削弱个性魅力。除了主持、培训、演讲、点评、相声、清口等职业因素说话多的人，一般话多者很难渲染出个性魅力。讲话重复啰唆，废话淹没真知灼见，"话份"权速失。一件事情反复嚼来嚼去，味道越来越淡；滔滔不绝两小时，抵不上一两分钟的精确表达。商务表达，严密圆润；无隙可钻，撬动人性。

如何惜字如金焕发个性魅力？通过后天长年累月练习获得具有穿透力的简洁"语言、文字、行为"表达风格，即独特气质魅力。对于下属的提议从不犹豫，择谏速断简洁回复；对于下属的质问从不解释，或运用强大逻辑敲打。追问简洁有力，要求回答简短，似轻实重打断迂回之废话，逼出真实，逼出汗颜反思。大伙儿心知肚明，解释就等于辩解。与明白人打交道，三言两语，不做赘述（解释）。

五、戳心力：一针见血表达的力量

在拳击比赛较量中，有的拳手出击对方百十次，都不能击倒对方，而对手靠一次痛击软肋则将之打趴。出拳一百次，不如一次击中要害，这才是较量的不二法则。

语言的价值在于含金量。百句街谈巷议跟一针见血表达相比，作用微不足道。说客谋士在游说或建言献策过程中，表述条理清晰，同时洞察人性，说话可直击要害——戳中聆听者的痛点，触动聆听者的心弦。真情流露而晓以利害，是游说的基本原则。真情是润滑剂，言明利害关系才是游说的核心支撑。在戳心时，采取先认同再渗透的基本策略。读心，动以真情，深刻理解认同（合拍）；剖析，晓以利害，柔性影响渗透（游说）。

在工作生活中，不急于发声，发声必深思熟虑。废话多了，习惯于表达而抓不住要害。思想共鸣悦动对方；真知灼见折服对方。

五步戳心法：

第一步　解除心理抵制：你的到来，应该是一种愉悦的享受，而决不是对方的心理负担；轻轻推到或逐步消融对方的心理堤墙，搭建一个对方思想转变的缓冲通道。

第二步　揣摩人心：快速扫描对方神情及行为的细微变化，洞悉对方心理活动，含而不露点透其心所饰。

第三步　发现瘾点：人都有瘾，一种叫游瘾（原始本能强烈欲望，但易转移），一种叫心瘾（后天生成的念念不忘之心魔），游瘾小而易变化，心瘾大而比较稳定。

第四步　植入心魔：第一通交流种下种子（心魔），陷入执拗而不能自拔；第二通交流浇水施肥，让新的心魔在其心中强劲疯长。

第五步　思想输出：保持一定的接触频次，持续稳定地向对方实施思想渗透，柔软控制其心理活动，顺势牵引其性格。

六、心理距离把握力：沉默也是一种力量

沉默以应，总有人会耐不住产生焦虑情绪。无论如何回复都不妥当且留下口实时，不妨静默，沉默也是一种回复方式。静默数天，不复，心理与意志的较量。发声愈多愈显无力，干脆静默观察。给别人自由表达之机会，给

自己倾听意见的机会，然后静默思考给予结论式回答。用诱因正强化想要的行为，用代价负强化讨厌的行为，用沉默消退不便干预的行为。开口即是语言表达艺术，磁场几何级增强；微笑即是倾听艺术，温暖鼓励对方的信心热情；沉默即是心理攻势艺术，彻底吞没对方的底气。

除了静默，控制接触频次、单次时长，也是保持心理距离的基本策略。

过于亲近则易狎昵，不是一件好事。太近则失去敬畏，语不生威。与任何同僚包括下属保持私生活与心理距离，太近则立足不久长。人与人之间，保持一定的心理距离，一可避免互相产生感情依赖、施予与负债心理，二可保持一定权威，能对周边人从容轻拨重弹心弦。沟通交际是一个保持心理距离、展现实力、有所保留的理性平衡行为。

管理权威双控两不失，控制心理距离、控制接触频次，才能不失神秘、不失敬畏，同时还附带拥有了信息不对称优势。控制心理距离的技巧性策略如：回复"赞美/表扬"时，咧嘴微笑，连说两声"谢谢"，决不画蛇添足，或在矜持状态下"点头微笑、一声谢谢"，产生心理距离——礼而不亲。

结　　论

硬气的语言来自实力支撑。外四力属于硬实力范畴，而内七力属于软实力范畴。从文化人到土匪，从学者到军阀，这个世界上首先是拳头（硬实力）说了算，"话份"权来自硬实力，影响力来自软实力。语言固然有威力，但行动比语言更有力！言行长期背离的直接后果是无论你的语言再漂亮也无法打动人的心，语言威力会失去了根基。

在日常沟通过程中，取得官方地位（正式公开职位）、掌握人事权和财权、获得背后实力大佬支持的人很容易出现语言暴力，在一定的群体范围带来杀伤力。其实越是有实力支撑的人，在日常语言行为中越需要悉心经营语言表达方式。利用组织及个人意志、决策勇气与智慧、必要的坦率作风等让语言穿上富有个性魅力的衣裳，通过数据说话、表达的穿透性等为语言行为加持影响力，足以实现语言对人心的征服。

第十三章
语言的威力

术语解释：

外力：人本身之外的作用力，可明确感知的外部力量。

内力：人本身直接产生的作用力，通过神情、语言、行为等方式呈现出来。

话份：说话的分量，表达的空间或机会。

发言人：以组织某种身份发言的人，代表组织而非个人对外表达。

伪善：站在道德制高点伪装的善良。

负面效应：对事件的发展起到反面作用，引发事态向不良或严重方向发展的反应。

元规则：只有暴力最强者拥有硬实力，拳头最硬的获胜者说了算。暴力最强者特征：拥有法定决定权；拥有一票否决权；拥有赞成或反对投票权；拥有绝对实力（产出相对满意的经济效益，手握兵权/财权，获得强大的背后支持力量），敢于武力威慑（暴力解决者）。

绝对支持力量：组织实际控制人、经营管理决策人、大多数管理团队的支持，足以构成绝对支持力量。

心魔：心理阴影、内心纠结，难以消弭的反复"呼唤声音"。

诱因：引发行为发生，或推动行为加速发生的刺激因素。

正强化：对产生组织所需要结果的良性行为积极强化，通过各种刺激手段鼓励类似行为反复发生。

负强化：主动消除消极刺激条件或因素，扫除伴随良性行为的障碍，鼓励良性行为通畅反复发生。

参考文献

[1] 泰勒. 马风才译. 科学管理原理. 北京：机械工业出版社，2013.

[2] 法约尔. 王莲乔等译. 工业管理与一般管理. 成都：四川人民出版社，2017.

[3] 韦伯. 闫克文译. 经济与社会. 上海：上海人民出版社，2010.

[4] 梅奥. 项文辉译. 霍桑实验. 上海：立信会计出版社，2017.

[5] 西蒙. 詹正茂译. 管理行为. 北京：机械工业出版社，2013.

[6] 巴纳德. 王永贵译. 经理人员的职能. 北京：机械工业出版社，2013.

[7] 巴纳德. 詹正茂译. 组织与管理. 北京：机械工业出版社，2020.

[8] 卡斯特等. 傅严译. 组织与管理——系统方法与权变方法. 北京：中国社会科学出版社，2000.

[9] 荣格. 魏宪民译. 心理类型. 北京：民主与建设出版社，2016.

[10] 中华人民共和国合伙企业法. 中央政府门户网站. http：//www.gov.cn/，中华人民共和国主席令第五十五号.

[11] 关于试点创新企业实施员工持股计划和期权激励的指引. http：//www.csrc.gov.cn/，证监会第17号公告.

[12] 通告：修订主板《上市规则》第十七章 股份计划. 香港交易所. 修订主板《上市规则》第十七章股份计划.

后　记

　　曾以文艺青年交游，不曾想投身管理工作近二十年。长期浸润于深圳环境，也趋于理性思考，幸在仍不失创新活力。始终坚持与优秀企业为伍、与优秀人士为伍，多方取经与研究实践，笔者勉力成书。书名拟定为《ET管理思想随笔：组织发展研究与实践》，所涉研究课题均与个人工作密切相关。理论先行，实践检验。限于篇幅及个人研究精力，仅奉十三章拙论向社会各方高人讨教，希冀不断自我超越。

　　人生阅历不能复制，感谢我的家人的鼓励，感谢李峰大哥的生活关照，得以在深圳谋求发展。一个偶然的机会敲开咨询之门，有惠于易湘壁女士的引荐和汪朝林先生的指导，同时感谢咨询团队（李琴、罗曼、谷亮等）多年相伴与倾力支持，在咨询机构深耕人力资源及经营管理，陆续结识张会来、郭晖、蒋伟、许路佳、兴晓峰、刘焰、周恩禄等企业家，度过一段值得回忆的青春。简单平静地爱国、爱企、爱家，在不经意中总会有福运降临。职业生涯中与丁彦辉、任永红、代永波、曹平先生，以及李娟、姚湘雯女士等交往发现，他们身上折射出锐意进取的精神、深圳节奏和人情温度。在此，由衷感谢保利、碧桂园、宝能等企业给予施展才华的平台和机会，有幸做出那么一点点成绩。

　　还要特别感谢一个人——宋继文教授，一个善于发现他人闪光点的人大学者。既是我论文的指导老师，也是我出版管理研究图书的引荐人。北京和深圳的距离因素，交往虽不多，却能感受到自然贴切的暖意。这个世界，需要宋老师这样的人，砥砺我们前行。

　　人生在世，总要做点事情。我们在向社会和大自然索取的同时，也应勤奋回馈，留下点价值。

李　波